本丛书支持单位

教育部高等学校人文社会科学重点研究基地郑州大学公民教育研究中心
中国思想政治工作研究会
河南省育英素质教育研究院

新时代公民道德建设丛书>>>>>

新时代
个人品德建设读本

李　明　单玉华◎编著

中国言实出版社

图书在版编目（CIP）数据

新时代个人品德建设读本 / 李明，单玉华编著 . -- 北京：中国言实
出版社，2020.3

ISBN 978-7-5171-3434-3

Ⅰ.①新… Ⅱ.①李…②单… Ⅲ.①品德教育—中国—通俗读物 Ⅳ.
① D648-49

中国版本图书馆 CIP 数据核字（2020）第 037707 号

责任编辑　张　丽
责任校对　史会美

出版发行　中国言实出版社
　　　　　　地　　址：北京市朝阳区北苑路 180 号加利大厦 5 号楼 105 室
　　　　　　邮　　编：100101
　　　　　　编辑部：北京市海淀区北太平庄路甲 1 号
　　　　　　邮　　编：100088
　　　　　　电　　话：64924853（总编室）　64924716（发行部）
　　　　　　网　　址：www.zgyscbs.cn
　　　　　　E-mail：zgyscbs@263.net

经　　销　新华书店
印　　刷　徐州绪权印刷有限公司
版　　次　2020 年 6 月第 1 版　2020 年 6 月第 1 次印刷
规　　格　710 毫米 × 1000 毫米　1/16　10.5 印张
字　　数　110 千字
定　　价　38.00 元　ISBN 978-7-5171-3434-3

新时代公民道德建设丛书编委会

在守正创新中
推进新时代公民道德建设

（代序）

清华大学高校德育研究中心副主任、文科资深教授　吴潜涛

加强公民道德建设、提高全社会道德水平，是全面建成小康社会、全面建设社会主义现代化强国的战略任务。党的十八大以来，以习近平同志为核心的党中央高度重视公民道德建设，立根塑魂、正本清源，作出一系列部署，推动思想道德建设取得显著成效。中共中央、国务院 2019 年 10 月印发的《新时代公民道德建设实施纲要》（以下简称《纲要》），彰显了新时代的鲜明特征，为在守正创新中推进新时代公民道德建设提供了科学指导。

以习近平新时代中国特色社会主义思想贯穿始终

《纲要》无论是在逻辑框架、内容安排方面，还是在理论分析、实践举措方面，都始终坚持以习近平新时代中国特色社

会主义思想为指导。

《纲要》由序言和 7 个部分组成。深入学习贯彻《纲要》精神，可以按照内容将其分为5个板块：第一板块是序言部分，主要论述加强新时代公民道德建设的理论意义和实践价值；第二板块由第一部分"总体要求"和第二部分"重点任务"组成，主要论述新时代公民道德建设的总体要求和重点任务，揭示新时代公民道德建设的内容体系；第三板块由第三部分"深化道德教育引导"和第四部分"推动道德实践养成"组成，主要论述新时代公民道德建设的教育与实践；第四板块是第五部分"抓好网络空间道德建设"，主要论述网络空间道德建设这一广受关注的时代课题；第五板块由第六部分"发挥制度保障作用"和第七部分"加强组织领导"组成，主要论述新时代公民道德建设的制度保障和组织领导。《纲要》的框架结构、内容安排，始终贯彻习近平新时代中国特色社会主义思想特别是习近平同志关于公民道德建设的重要论述精神。贯彻落实《纲要》精神，要把握好我们党关于加强新时代公民道德建设的整体部署和安排，坚持道德认知与道德实践相结合、道德教育与法治保障相统一，确保新时代公民道德建设的社会主义方向。

党的十八大以来，习近平同志发表一系列重要讲话，提出了许多关于公民道德建设的新思想新观点新要求，为新时代公民道德建设提供了根本遵循。《纲要》运用习近平同志关于公民道德建设重要论述中的新思想新观点新要求，科学回答新时代公民道德建设中的一系列重大问题。例如，随着中国特色社会主义进入新时代，人们的"绿水青山就是金山银山"意识越来越强烈。《纲要》强调"绿色发展、生态道德是现代文明的重要标志，是美好生活的基础、人民群众的期盼"，强调要积极践行绿色生产生活方式，引导人们做生态环境的保护者、践行者。又如，关于国家形象的塑造，习近平同志强调要重点展示文明大国形象、东方大国形象、负责任大国形象、社会主义大国形象。《纲要》强调"公民道德风貌关系国家形象"，并把新时代公民道德建设实践拓展到对外交流交往活动中，引导人们在各种涉外活动和交流交往中展示文明素养、展现中华美德，树立自尊自信、开放包容、积极向上的良好形象。学习贯彻《纲要》精神，要与认真学习贯彻习近平同志关于公民道德建设的重要论述有机结合起来。只有这样，才能更加深刻理解《纲要》的精神实质和实践要求。

对公民道德建设规律的认识达到新高度

《纲要》总结了 2001 年党中央印发《公民道德建设实施纲要》以来，特别是党的十八大以来我国公民道德建设的基本经验，赋予其适应新时代要求的鲜活内容，标志着我们党对公民道德建设规律的认识达到新高度。

坚持教育引导与实践养成相统一。加强公民道德建设，必须坚持教育引导与实践养成相统一。《纲要》坚持公民道德建设这一基本经验，适应新时代要求，结合公民思想道德实际，在教育引导和实践养成的方法路径上作出新的部署和安排。在深化教育引导方面，《纲要》指出，要把立德树人贯穿学校教育全过程，用良好家教家风涵育道德品行，以先进模范引领道德风尚，以正确舆论营造良好道德环境，以优秀文艺作品陶冶道德情操，发挥各类阵地道德教育作用，抓好重点群体的教育引导。在推动道德实践养成方面，《纲要》指出，要广泛开展弘扬时代新风行动，深化群众性创建活动，持续推进诚信建设，深入推进学雷锋志愿服务，广泛开展移风易俗行动，充分发挥礼仪礼节的教化作用，积极践行绿色生产生活方式，在对外交流交往中展示文明素养。

坚持道德教育与制度保障相统一。法安天下，德润人心。公民道德建设是一个复杂的社会系统工程，既要靠教育倡导，也要靠法治惩恶扬善的力量，还要靠政策价值导向和各种行政规章的保障。坚持道德教育与制度保障相统一，是我国公民道德建设在长期实践中积累的基本经验，也是道德建设必须遵循的基本规律。《纲要》总结了2001年以来在公民道德建设中充分发挥法律法规支撑、政策制度保障作用的新鲜经验，从强化法律法规保障、彰显公共政策价值导向、发挥社会规范的引导约束作用、深化道德领域突出问题治理等四个方面，深刻论述了法治对道德建设的保障和促进作用，丰富了新时代公民道德建设制度保障的科学内涵，明确了新时代公民道德建设发挥制度保障作用、增强道德教育实效性的基本要求和具体举措。

坚持目标导向与问题导向相统一。坚持问题导向是马克思主义的鲜明特点。只有以重大问题为导向，抓住道德建设中的突出矛盾和关键问题，多维发力、综合施策，才能实现公民道德建设的目标。《纲要》坚持目标导向与问题导向相统一，在紧紧围绕新时代公民道德建设总体目标谋篇布局的同时，始终贯穿着强烈的问题意识与鲜明的问题导向。比如，在道德理论方面，强调价值引领、精神支撑；在道德实践方面，突出抓好网络空间的道德建设。

公民道德建设理论的新突破

时代是思想之母，实践是理论之源。《纲要》在公民道德建设理论上有不少新突破。概括起来讲，主要有以下几个方面。

道德领域问题根源的新揭示。《纲要》指出："在国际国内形势深刻变化、我国经济社会深刻变革的大背景下，由于市场经济规则、政策法规、社会治理还不够健全，受不良思想文化侵蚀和网络有害信息影响，道德领域依然存在不少问题。"这一论述深刻揭示了公民道德建设领域道德失范现象的根源，反映了我们党对社会主义市场经济条件下道德建设规律的深刻把握。

公民道德建设内容体系的新发展。习近平同志在党的十九大报告中指出："必须推进马克思主义中国化时代化大众化，建设具有强大凝聚力和引领力的社会主义意识形态，使全体人民在理想信念、价值理念、道德观念上紧紧团结在一起。"《纲要》按照这一要求构建新时代公民道德建设的内容体系。《纲要》坚持以习近平新时代中国特色社会主义思想为指导，以培养和造就担当民族复兴大任的时代新人为出发点和落脚点，强调新时代公民道德建设要"以为人民服务为核心，以集体主义为原则，以爱祖国、爱人民、爱劳动、爱科学、爱社会主义为基本要求""把社会公德、职业道德、家庭美德、个人品德建设作为着力点"，把"筑牢理想信念之基""培育和践行社会主义核心价值观""传承中华传统美德""弘扬民族精神和时代精神"作为重点任务。这一内容体系，是对《公民道德建设实施纲要》中提出的社会主义公民道德建设内容体系的完善和发展。

个人品德内涵的新界定。加强公民道德建设，提高公民文明素养，最终要落实到公民个人品德的养成上。自党的十七大报告第一次提出"个人品德建设"命题并将其作为社会道德建设的重要内容以来，学术界对个人品德的内涵进行了深入探讨。《纲要》汲取已有研究成果，对《公民道德建设实施纲要》中倡导的"爱国守法、明礼诚信、团结友善、勤俭自强、敬业奉献"的基本道德规范加以提炼和发展，把个人品德的主要内容概括为"爱国奉献、明礼遵规、勤劳善良、宽厚正直、自强自律"，是新时代公民道德建设理论的又一创新。

中华传统美德的新概括。中华传统美德是中华优秀传统文化的道德精髓，是支撑中华民族生生不息、薪火相传的强大精神力量，也是新时代公民道德建设的不竭源泉。《纲要》坚持古为今用、推陈出新原则，把中华传统美德的主要内容概括为"自强不息、敬业乐群、扶正扬善、扶危济困、见义勇为、孝老爱亲"等。这种概括是对全国各族人民共同美德的凝练反映，也为按照新时代公民道德建设要求对中华优秀传统文化进行创造性转化和创新性发展提供了方向指引。

弘扬中国精神的新要求。习近平同志指出："实现中国梦必须弘扬中国精神。这就是以爱国主义为核心的民族精神，以改革创新为核心的时代精神。"《纲要》总结多年来我们党团结领导全国各族人民弘扬中国精神的理论和实践，提出了新时代弘扬中国精神的新要求，强调要"弘扬中国人民伟大创造精神、伟大奋斗精神、伟大团结精神、伟大梦想精神，倡导一切有利于团结统一、爱好和平、勤劳勇敢、自强不息的思想和观念"；强调要"大力倡导解放思想、实事求是、与时俱进、求真务实的理念"，倡导"幸福源自奋斗""成功在于奉献""平凡孕育伟大"的理念，"弘扬改革开放精神、劳动精神、劳模精神、工匠精神、优秀企业家精神、科学家精神"。这些重要论述，从民族精神和时代精神的维度，创造性地阐发了新时代弘扬中国精神的科学内涵和基本要求。

2019 年 12 月 19 日

目录

新时代个人品德建设读本

CONTENS

一、总论

　　国无德不兴，人无德不立。中共中央、国务院印发的《新时代公民道德建设实施纲要》（以下简称《纲要》），是我国社会主义精神文明建设的一件大事。中国特色社会主义进入新时代，对公民道德建设提出了新的更高要求。《纲要》提出："全面推进社会公德、职业道德、家庭美德、个人品德建设，持续强化教育引导、实践养成、制度保障，不断提升公民道德素质，促进人的全面发展，培养和造就担当民族复兴大任的时代新人。"

　　作为公民道德建设基石的"个人品德"，由道德认识、道德情感、道德意志和道德行为等因素所构成。道德认识是社会的道德要求转化为个人内在品德的首要环节，是品德形成的基础。道德情感是个体在社会实践和生活经历中基于自身立场、观点所形成的对现实道德关系和道德行为的好恶、爱憎等心理活动。道德意志是人们在履行道德义务或决定道德行为的过程中，自觉自愿地作出抉择、克服困难的顽强力量和坚持精神，受道德认识、道德情感的影响。道德意志是道德认识向道德行为、道德品德转化的关键。道德行为是个人道德品德的外部状态，表现为语言和行为习惯。只有在道德实践中，个人品德才能形成、巩固、成熟，成为人生整体行为的一贯倾向和稳定特征。社会实践不仅是人们形成品德的客观基础，而且是人们改变自己已经形成的品德的基础。

（一）坚持用明德引领风尚

1. 在日常生活中养成好品行

"平语"近人

要坚持用明德引领风尚。……大家理应以高远志向、良好品德、高尚情操为社会作出表率。……要自觉践行社会主义核心价值观，自尊自重、自珍自爱，讲品位、讲格调、讲责任。

——习近平：《坚定文化自信把握时代脉搏聆听时代声音 坚持以精品奉献人民用明德引领风尚》（2019年3月4日）

个人品德，即个人的道德品质，也称德行或品性。它是一定社会的道德原则和道德规范在个人思想意识和行为中的体现，是一个人的道德行为整体上表现出来的稳定的、一贯的道德特点和倾向。《纲要》指出，"推动践行以爱国奉献、明礼遵规、勤劳善良、宽厚正直、自强自律为主要内容的个人品德，鼓励人们在日常生活中养成好品行"。《纲要》把个人品德与社会公德、职业道德和家庭美德并列为公民道德建设的主要内容，适应了新时代公民道德建设的要求，对不断提升公民道德素质、促进人的全面发展，具有很强的针对性和指导性。

社会公德是社会道德体系的重要组成部分，是公民在社会公共生活中需要遵循的道德准则，是起码的行为规范。一个社会的公德状态，是该社会重要的文明标志，能否践行社会公德，也是新时代好公民的基本要求。

把个人品德纳入公民道德建设的基本内容，突出了个人品德在道德建设中的重要地位，紧扣了道德建设的时代主题，是新时代公民道德建设的新突破，是我国社会主义道德建设与时俱进的表现，也是构建完整的公民道德体系的客观需要。新时代个人品德以爱国奉献、明礼遵规、勤劳善良、宽厚正直、自强自律为基本内容，融合了中国优秀传统道德、马克思主义道德、中国革命道德和世界优秀道德的精华，是个人品德在新时代的升华，顺应了新时代的强烈呼唤。

在新时代公民道德建设中，个人品德与社会公德、职业道

《纲要》链接

要把社会公德、职业道德、家庭美德、个人品德建设作为着力点。推动践行以文明礼貌、助人为乐、爱护公物、保护环境、遵纪守法为主要内容的社会公德，鼓励人们在社会上做一个好公民；推动践行以爱岗敬业、诚实守信、办事公道、热情服务、奉献社会为主要内容的职业道德，鼓励人们在工作中做一个好建设者；推动践行以尊老爱幼、男女平等、夫妻和睦、勤俭持家、邻里互助为主要内容的家庭美德，鼓励人们在家庭里做一个好成员；推动践行以爱国奉献、明礼遵规、勤劳善良、宽厚正直、自强自律为主要内容的个人品德，鼓励人们在日常生活中养成好品行。

德、家庭美德相辅相成、互为补充，是一个不可或缺的重要链条。一方面，个人品德是形成社会公德、职业道德、家庭美德这"三德"的前提条件和巩固力量，是提升和完善"三德"的重要支撑。试问，一个自私自利、好逸恶劳的人，能在工作岗位上踏实肯干、爱岗敬业、奉献社会吗？一个心地不善、刻薄狭隘的人，能发自内心地助人为乐、敬老爱亲吗？没有良好的个人品德，就难有公德心、责任感、荣辱观。一个品德低下、人品卑劣的人，想要拥有健全的社会公德、职业道德、家庭美德，终是奢谈。另一方面，一个人的社会公德、职业道德、家庭美德如何，又影响和制约着他的个人品德。例如，一个连生养自己的父母都难以孝敬的人，怎能做到推己及人、广爱他人、利他利国？因此，个人品德是社会公德、职业道德、家庭美德的出发点，又是其归宿，"三德"从不同角度与个人品德相互联系、相互制约，不断追求至善至美的个人品德，是达到崇高道德境界的必然路径。

社会公德、职业道德、家庭美德、个人品德，作为一个有机整体，共同构成完整的社会主义道德体系，它们既继承了中

"平语"
近人

面对复杂的世界大变局，要明辨是非、恪守正道，不人云亦云、盲目跟风。面对外部诱惑，要保持定力、严守规矩，用勤劳的双手和诚实的劳动创造美好生活，拒绝投机取巧、远离自作聪明。

——习近平：《在纪念五四运动100周年大会上的讲话》（2019年4月30日）

国传统的"修身、齐家、治国、平天下"的自身修养路径，又切合当前的时代需要，使我们的道德建设更接地气、更合国情、更具有时代气息。

2. 面对外部诱惑，要保持定力、严守规矩

新中国成立以来，我国道德建设取得显著成就。新中国在第一部宪法中明确提出了"五爱"的道德规范；20世纪60年代全社会学习雷锋和焦裕禄的活动产生了广泛的社会效应；改革开放以来所公开的中国共产党代表大会的政治报告中都对思想道德建设进行了成就概括、任务部署，党的十二届六中全会、十四届六中全会分别通过了精神文明建设的两个专项决议；2001年我国颁布了第一部专门部署道德建设工作的文件《公民道德建设实施纲要》，推动公民道德建设走向新的发展阶段；党的十八大以来，以习近平同志为核心的党中央高度重视公民道德建设，立根塑魂、正本清源，作出一系列重要部署，推动思想道德建设取得显著成效，人民的思想觉悟、道德水准、文

《纲要》链接

党的十八大以来，以习近平同志为核心的党中央高度重视公民道德建设，立根塑魂、正本清源，作出一系列重要部署，推动思想道德建设取得显著成效。中国特色社会主义和中国梦深入人心，践行社会主义核心价值观、传承中华优秀传统文化的自觉性不断提升，爱国主义、集体主义、社会主义思想广为弘扬，崇尚英雄、尊重模范、学习先进成为风尚，民族自信心、自豪感大大增强，人民思想觉悟、道德水准、文明素养日益提高，道德领域呈现积极健康向上的良好态势。

明素养日益提高，道德领域呈现积极健康向上的良好态势。

伴随着公民道德建设的深入推进，广大公民更加关注个人品德修养，人们的爱国奉献意识、善良正直意识、勤劳拼搏意识、自强自律意识、明礼遵规意识、和谐包容意识、公益慈善意识有了显著提升，在非典疫情、南方雪灾、汶川地震、玉树地震、新冠肺炎疫情以及北京奥运会、上海世博会、广州亚运会等一系列检验公民道德状况的关键时刻，中华民族都展示了巨大的道德力量，体现了不断提升的个人品德。从雷锋到郭明义，从焦裕禄到杨善洲，一批又一批的道德楷模以丰富多彩的感人事迹、角度不同的楷模力量，产生了积极的社会正能量。他们身上强烈的主人翁意识、无私奉献精神和各种美好品德，代表了新中国广大群众和党员干部道德品质的主流。事实证明，我国公民道德的主流、公民个人品德的主体层面，与我国经济、社会的发展进步是同向

道德案例

汶川地震中的大善大爱

2008 年 5 月 12 日，汶川地震牵动了每个中国人的心。面对地震灾难，举国上下在巨大的悲痛中立刻行动起来，伸出无数双援助的手。从大地颤动的那一刻，不需要动员，不需要组织，公民自发捐助的救灾物资和善款从不同路径迅速汇集起来；大批志愿者以不同方式，投身于灾区和各地救灾工作岗位；一批又一批的公民汇集在采血车前，渴望能为灾区献出自己的热血，以至于采血车前排起等待的长龙。这种发自内心的行动闪耀着强大的德行光芒，体现了前所未有的公民责任自觉，彰显了中华民族的大善大爱。

的，是积极向上的。

与此同时，在国际形势深刻变化、国内经济社会深刻变革的大背景下，我国所面临的执政考验、改革开放考验、市场经济考验、外部环境考验是长期的、严峻的，不良思想文化的侵蚀，网络有害信息的影响，新旧法律法规、行政规范、道德规范"破"与"立"的冲突，使道德领域依然存在不少问题。一些地方、一些领域程度不同地存在道德失范现象，拜金主义、享乐主义、极端个人主义仍然比较突出；一些社会成员不修品德、不重教养、不讲原则，道德观念模糊甚至缺失，是非、善恶、美丑不分；一些优秀的个人品德被淡化甚至践踏，一些人把"厌恶高尚、标榜低俗"视为"时尚"，他们见苦不悯、见弱不帮、见恶不忿、见危不救、好逸恶劳、庸俗无礼；少数社会成员唯利是图、见利忘义、损人利己、损公肥私、恶毒冷漠、忘恩负义、以怨报德、骄奢腐化，甚至伤害国家利益和民族感情。

道德底线的失守，使"毒奶粉""地沟油""瘦肉精""桥垮垮""楼脆脆""黑煤窑""假证""假药""假疫苗""潜规则""扶不扶""体坛黑幕""道德冷漠""权力腐败"等与不道德现象有关的热词频频出现，败德失德现象久治不绝。某些领域的群体性道德失范使之成为"道德灾区"。一些官员不修官德，为政不廉，弄权谋私，钱权交易，贪污腐化，政绩弄虚舞弊，履历擅自造假；一些企业和商人唯利是图，诚信缺失，恶意竞争，坑蒙拐骗，制假贩假；一些社会精英或文化名人沽名钓誉，恶意炒作，抄袭剽窃，买卖文凭，骗取职称，低劣媚俗，炫耀隐私，满口污秽，斯文扫地，甚至雇凶杀人。卖淫、嫖娼、吸毒、赌博等一度烟消云散的旧社会恶习，又沉渣泛起。

这些局部的、少数社会成员的道德败坏现象，刺痛了人们的道德神经，给民众带来消极的道德压力和心理暗示，引发人们对社会道德状况的不满，加剧了社会道德评价的悲观情绪。有人感叹"全民逐利""世风日下，人心不古""经济发展了，道德下来了"，甚至有人惊慌地认为出现了社会性的"道德崩盘"。由此诱发的社会不安和失望心态，大大降低了社会幸福值。这一切说明，道德失范破坏了社会的公序良俗，妨害了人民的幸福生活，甚至损害了国家利益和民族利益，必须引起全社会高度重视，采取有力措施加以解决。

道德案例

长春假疫苗案

2018 年 7 月 15 日，国家药品监督管理局发布通告指出，长春长生生物科技有限公司冻干人用狂犬病疫苗生产存在记录造假等行为。7 月 22 日，国家药监局通报已查明该企业编造生产记录和产品检验记录，随意变更工艺参数和设备，严重违反了国家有关规定。责令企业停止生产，收回药品 GMP 证书，召回尚未使用的狂犬病疫苗。7 月 23 日，正在国外访问的习近平总书记对此作出重要指示指出，长春长生生物科技有限责任公司违法违规生产疫苗行为，性质恶劣，令人触目惊心。有关地方和部门要高度重视，立即调查事实真相，一查到底，严肃问责，依法从严处理。10 月 16 日，国家药监局和吉林省食药监局分别对长春长生公司作出多项行政处罚，罚没款共计 91 亿元，吊销其药品生产许可证。

（二）品德是为人之本

一个民族、一个人能不能把握自己，很大程度上取决于道德价值。德行之于人类，是人性存在之根基。"百行德为首"，无论是为人，还是处世、立业，"修德"是人生的第一根基石。

1. 人无德不立

实现中华民族的伟大复兴，是中华民族近代以来最伟大的梦想。中国梦说到底就是国家富强、民族振兴、人民幸福，

"平语"近人

人无德不立，品德是为人之本。……精神上强，才是更持久、更深沉、更有力量的。青年要把正确的道德认知、自觉的道德养成、积极的道德实践紧密结合起来，不断修身立德，打牢道德根基，在人生道路上走得更正、走得更远。

——习近平：《在纪念五四运动100周年大会上的讲话》（2019年4月30日）

就是建成富强民主文明和谐美丽的社会主义现代化强国。实现伟大梦想，必须进行伟大斗争、建设伟大工程、推进伟大事业，其中，加强公民道德建设，提高全体公民的个人品德，是不可缺少的环节。一个社会是否文明进步，一个国家能否长治久安，有很多制约因素，人民有信仰、国家有力量，才能民族有希望。如果一个国家信仰缺失、道德淡化、凝聚力涣散，怎么可能"有力量""有希望"？如果一个社会缺少公德良序、不讲人品德行、没有和谐关系，即便是经济发达了、生活富裕了，又怎么谈得上"文明和谐美丽"？又怎么实现"人民幸福"？

面对世界的深刻复杂变化，面对信息时代各种思潮的相互激荡，面对纷繁多变、鱼龙混杂、泥沙俱下的社会现象，面对学业、情感、职业选择等多方面的考量，一时有些疑惑、彷徨、失落，是正常的人生经历。关键是要学会思考、善于分析、正确抉择，做到稳重自持、从容自信、坚定自励。要树立正确的世界观、人生观、价值观，掌握了这把总钥匙，再来看看社会万象、人生历程，一切是非、正误、主次，一切真假、善恶、美丑，自然就洞若观火、清澈明了，自然就能作出正确判断、作出正确选择。正所谓"千淘万漉虽辛苦，吹尽狂沙始到金"。

——习近平：《青年要自觉践行社会主义核心价值观——在北京大学师生座谈会上的讲话》（2014年5月4日）

道德如同美玉，容不得瑕疵。社会发展使人们对道德环境予以更高期待，对个人品德予以更多关注，对人心向善予以迫切渴望。尽管我国道德状况的主流是积极、进步、向善的，但是各种严重存在的败德现象已经引起广大公民的高度关注、尖锐贬斥。加强道德建设、改善道德环境、治理道德领域的突出问题成为愈来愈强烈的社会呼声。

建设社会主义现代化强国，实现中国梦，离不开道德"软实力"，离不开公民个人品德的整体状态。新时代公民道德建设是一个长期的系统工程，通过广泛的理想信念教育，弘扬民族精神和时代精神，引导人们树立正确的人生观、历史观、民族观、国家观、文化观，引导人们明大德、守公德、严私德。把个人品德、自身修养视为立身之本、治国之要，让爱国奉献、明礼遵规、勤劳善良、宽厚正直、自强自律的美好品德内化于心，外笃于行，让每个公民像爱护自己的眼睛一样守护自己的道德良知。我们有信心在新时代向全世界亮出中国人良好的道德"名片"，塑造中华民族的道德形象，夯实"厚德载物"的民族美誉，形成人人讲道德、人人重修养、人人促和谐的良好社会氛围，为中华民族的伟大复兴提供强有力的道德支撑，让社会更美好，让人民更幸福。

明大德就是坚持以社会主义核心价值观为引领，以主流价值建构道德规范、强化道德认同、指引道德实践；守公德就是践行以文明礼貌、助人为乐、爱护公物、保护环境、遵纪守法为主要内容的社会公德，鼓励人们在社会上做一个好公民。与此同时，在岗要爱岗敬业、诚实守信、办事公道、热情服务、奉献社会，在家要尊老爱幼、男女平等、夫妻和睦、勤俭持家、邻里互助。

《纲要》链接

坚持以社会主义核心价值观为引领，将国家、社会、个人层面的价值要求贯穿到道德建设各方面，以主流价值建构道德规范、强化道德认同、指引道德实践，引导人们明大德、守公德、严私德。

经典名句

物格而后知至，知至而后意诚，意诚而后心正，心正而后身修，身修而后家齐，家齐而后国治，国治而后天下平。

——《礼记·大学》

富润屋，德润身。

——《礼记·大学》

"平语"
近人

对历史文化特别是先人传承下来的价值理念和道德规范，要坚持古为今用、推陈出新，有鉴别地加以对待，有扬弃地予以继承，努力用中华民族创造的一切精神财富来以文化人、以文育人。

——习近平在十八届中央政治局第十三次集体学习时的讲话（2014年2月24日）

除了社会公德、职业道德、家庭美德，个人品德也是道德建设的重要内容，是修身立德的基础。"修身、齐家、治国、平天下"被国人视为行之有效的修养路径，它强调一个人必须"严私德"，有良好的个人品德，治家才能家和兴旺，治国才能厚德载物、国家富强、天下安宁。《礼记·大学》言"自天子以至于庶人，壹是皆以修身为本"。认为社会上的每一个人都要注重个人品德，以德润身，无论是谁，都应该把修身养性、提升个人品德作为人生的最重要事宜。个人品德的完善是一个连续不断的过程，人生境界的提升是一场没有止境的攀登，目的是"止于至善"。

2. 把小事当作大事干，一步一个脚印往前走

一个人的个人品德如何，与外界固然有一定联系，但是关键取决于个人选择和坚持。《论语》曾说"为仁由己，而由人乎哉"？"求仁得仁，亦复何怨"。是说一个人想拥有高尚的品格不是遥不可及的事，只要真正想得到它，为此而努力，终归可以得到它。修身养性，只有靠自己，不能靠别人。如果因为自己不努力而品行不高，这有什么好抱怨的呢？它提示人们，个人品德修养贵在内心

的追求、外在的努力，而不是抱怨其他；贵在日常生活中内省自律，"见贤思齐""见不贤而内自省"；贵在"慎独"，人前人后表现如一，对高尚品格的坚守始终如一。

经典名句

吾日三省吾身。

——《论语·学而》

内省不疚，夫何忧何惧。

——《论语·颜渊》

莫见乎隐，莫显乎微，故君子慎其独也。

——《中庸》

新时代公民道德建设，是一项全民共建共享的工程，需要每一个公民共同投入、共同担当，才会卓有成效。从我做起，从现在做起，从小事做起，是公民道德建设走向成功的起点，也是公民道德建设走向成功的标志。"君子求诸己"，一个道德修养良好的人总是严格要求自己，从自己做起，恪守笃行。

践行个人品德，不需要大口号，不需要攀比他人，也不需要"绑架"环境，它是朴实无华的行动，是可大可小的善行，是贯穿一生的坚持。它可以表现为大是大非面前的正确抉择、爱国壮举、见义勇为；更多的则是日常生活中的"勿以善小而不为，勿以恶小而为之""己欲立而立人，己欲达而达人""穷则独善其身，达则兼济天下"……道德建设人人可为、时时可为、处处可为、事事可为。因此，从我做起、从现在做起、从小事做起，是每个公民以实际行动投入道德建设的关键所在。每一个公民都应该成为道德建设的参与者，而不只是旁观者；都应该成为道德环境的维护者，而不只是享受者；都应该成为重德笃行的实践者，而不只是评论者。

现在，公民的道德认知不是问题，问题是怎样做到知而后行、知行合一，这是道德建设中的一个普遍问题。一些人对做人做事的大道理、小道理都懂得，只是不愿意去做，或者不愿意常做，渴望"人人为我"，不愿意"我为人人"，用双重标准衡量自己和他人。这些人一面抱怨缺少公德良序，一面又闯红灯、乱涂抹、大声喧哗、随地吐痰、乱扔垃圾；一面抱怨网络混乱、真假难辨，一面在网上口无遮拦、攻击谩骂、斯文扫地、传谣起哄；一面抱怨"人情冷漠""人间少爱"，一面在有人求助时漠然旁观、见义不为，甚至恶意起哄、推波助澜；一面抱怨生态恶劣、环保危机，一面又浪费资源、伤害动物、破坏环境。道德建设中如何做到知行合一，既难也不难。说它不难，因为这是一个人人都可以参与解决的问题，"从我做起"，把道德实践作为个人品德的唯一检验标准，是解决问题的根本；说它难，也是因为它涉及人人，

道德案例

公益之星丛飞

丛飞是一名普通的歌手，但他尽心尽力为公益事业积极奉献。1994—2005 年的 11 年间，他义演 300 多场，将主要收入捐给很多贫困的失学儿童和残疾儿童，义工服务超过 6000 小时，先后资助贵州、湖南、四川等贫困山区的贫困儿童 183 名，无私捐助失学儿童和残疾人超过 150 人，认养孤儿 37 人，捐助金额超过 300 万元。先后被授予"中国百名优秀青年志愿者""全国十大公益之星""100 位新中国成立以来感动中国人物"等荣誉称号。2006 年 4 月 20 日，丛飞因胃癌在深圳逝世，年仅 37 岁。丛飞人生短暂，却如飞虹闪耀在公益之路上。

如果大家"只说不练"、只当"看客"或"评论家"，这个问题永远解决不了。"不积跬步，无以至千里；不积小流，无以成江海。"个体的人在社会上很渺小，但是每一滴水都能折射太阳的光辉，每个人的德行都从不同角度折射出整个社会的道德风貌。

经典名句

图难于其易，为大于其细。天下难事，必作于易；天下大事，必作于细。

——《道德经》

提升全体社会成员的个人品德，党员带头、官员带头、富人带头、文人带头具有重要示范作用。这些群体的个人品德如何、道德行为如何，会产生巨大的社会影响。如果他们在公民道德建设中不能发挥正面带头作用，却要求老百姓提升个人品德，无疑是隔靴搔痒，了无成效。党员、干部的一言一行，都被群众纳入眼底，对比衡量。党员、干部的良好道德示范，具有巨大的社会正能量；反之，党员、干部的腐败行为，则严重腐蚀了社会机体，影响极坏。尽管解决腐败问题更多靠的是体制和制度，但是良好的个人品德是抵御腐败堕落的第一道屏障。一些党员、干部错误地认为，品德修养是小问题，是"细节问题"，没必要在这个问题上小题大做。事实上，"千里之堤，溃于蚁穴"，那些已经被查处的党员、干部违纪违法案件证明，腐败分子的违法犯罪之路大都是从道德品质出问题开始的。因此，加强党员、干部的立党为公、执政为民的公仆意识教育，加强党员、干部的思想道德修养，不断提升其个人品德，筑好防腐反腐的道德屏障，是道

"平语"
近人

责任重于泰山，事业任重道远。我们一定要始终与人民心心相印、与人民同甘共苦、与人民团结奋斗，夙夜在公，勤勉工作，努力向历史、向人民交出一份合格的答卷。

——习近平：《人民对美好生活的向往，就是我们的奋斗目标》（2012 年 11 月 15 日）

德建设的重要环节，也是党风建设的重要环节。党风正，官风清，民风必正，社会上的不道德现象就会大大减少。

中华民族要屹立于世界民族之林，获得世界各个国家、各个民族的尊重，必须树立良好的道德形象，这是中华民族的时代使命，是每个中国公民的时代使命。中国作为一个有着五千年道德文明史的伟大国度，作为一个自强不息、厚德载物的伟大民族，中华民族的血管里奔腾着炽热的道德血液，因此，中国人民有足够的道德底蕴、道德勇气、道德能力，解决自己的道德问题，营造良好的道德环境，形成良好的道德风尚。

二、爱国奉献

有一种坚守是爱国，有一种担当是奉献。爱国奉献不仅是中华民族不竭的精神动力和传统美德，是各族人民共同的精神支柱，是弘扬社会主义核心价值观的重要内容，而且是推动社会前进的巨大力量，是激励人们奋进新时代、开启新征程的光辉旗帜。

（一）爱国奉献精神是新时代奋斗者的价值追求

爱国奉献的价值取向，客观上要求人们把祖国的利益放在第一位，以民族和国家的整体利益和意志为转移。在个人利益和国家利益一致时，要尽可能地满足个人的正当利益要求；当个人利益与国家利益相矛盾时，则必须无条件地以个

经典名句

我有素餐责，诚愧伐檀人。虽无铅刀用，庶几奋薄身。

——王粲：《从军行五首·其四》

冀以尘雾之微，补益山海；荧烛末光，增辉日月。

——曹植：《求自试表》

烈士之爱国也如家。

——葛洪：《抱朴子·广譬》

铅刀贵一割，梦想骋良图。

——左思：《咏史八首·其一》

杀身之害小，存国之利大。

——陈子昂：《谏灵驾入京书》

人利益服从国家的利益，并以此作为人生价值的目标。

1. 新时代需要弘扬爱国奉献精神

（1）爱国奉献的含义。什么是爱国呢？爱国体现了人们对自己祖国的深厚感情，反映了个人对祖国的依存关系，是人们对自己故土家园、民族和文化的归属感、认同感、尊严感与荣誉感的统一。它是调节个人与祖国之间关系的道德要求、政治原则和法律规范，也是民族精神的核心。每个人来到这个世界，都要在社会中生存，都要获取生存发展的物质条件，都要寻求慰藉心灵的精神家园，这一切首先得之于祖国。没有国哪有家，没有家哪有我——这看似平常的话语，道出了最深刻的爱国理由：国家是小家的寄托，更是个人的寄托；国家是物质利益的寄托，更是精神家园的寄托。失去祖国母亲的保护，个人就是无家可归的流浪儿。爱国是每个人都应当自觉履行的责任或义务。履行爱国的责任或义务，是对祖国母亲的报答。爱国是公民必须拥有的道德情操，是中华民族最重要的传统，也是社会主义核心价值观最主要的部分。爱国是各族人民重要的精神支柱。

经典名句

落红不是无情物，化作春泥更护花。

——龚自珍：《己亥杂诗·其五》

捧着一颗心来，不带半棵草去。

——陶行知

奉献乃是生活的真实意义。

——阿德勒

人当活在真理和自我奉献里。

——庞陀彼丹

我们必须奉献于生命，才能获得生命。

——泰戈尔

　　什么是奉献呢？是一种爱，是对自己事业的不求回报的爱和全身心的付出。对个人而言，就是要在这份爱的召唤之下，把本职工作当成一项事业来热爱和完成，从点点滴滴中寻找乐趣；努力做好每一件事、认真善待每一个人。奉献："奉"，即"捧"，意思是"给、献给"；"献"，原意为"献祭"，指"把实物或意见等恭敬庄严地送给集体或尊敬的人"。两个字合起来，奉献，就是"恭敬地交付，呈献"。

　　作为精神品质，爱国情怀与奉献精神都是无产阶级爱国主义精神的重要方面。爱国情怀是奉献精神的感情和心理基础，奉献精神是爱国情怀的具体表现和升华，二者互为表里、有机统一。作为过程，"爱国"，是指热爱祖国的心理过程，它凝结为可贵的精神品质；"奉献"，则是指个人为祖国为人民多做工作，努力奉献的实践过程。一个是"知"的过程，一个是"行"的过程，"知"是"行"的思想基础，"行"是"知"的实现，"知""行"统一。在当代，"爱国"，就是热爱社会主义祖国；"奉献"，就是为建设有中国特色的社会主义努力工作，奉献一切。爱国必须奉献，奉献才能实现爱国。一方面，只有"爱国"，才能自觉把祖国的利益、人民的利益放在第一位，个人的利益放在第二位，个人利益服从祖国和人民的利益，克服患得患失的心理为国分忧，为民解难，甘愿吃亏，多做奉献；只有"爱国"，才能为祖国为人民勇于牺牲、甘愿牺牲。另一方面，"奉献"是"爱国"的实现，没有奉献，爱国的情怀和愿望就会落空。只有为中华民族的振兴，为人民的幸福努力工作、多做奉献，才能把祖国繁荣昌盛、人民幸福的热切期望变为现实；只有为国为民甘愿奉献、甘愿吃亏，才能安心工作，认真履行自己的责任和义务，在完成自己的使命和任务中，实现对祖国对人民的忠诚和热爱；人们也只有在为国为民的奉献实践中，才能赢得祖国的尊重、人民的爱戴，使自己的爱国情怀升华为崇高与伟大。总之，爱国与奉献是一个相互联系、不可分割的有机整体。

（2）爱国奉献是中华民族的优良传统。"苟利国家生死以，岂因祸福避趋之。"爱国主义始终是中华民族精神的核心，是中国人精神血脉中流淌着的基因，也是每一个华夏儿女最朴素的价值追求。深沉的爱国主义、浓厚的家国情怀，厚植涵养于五千年优秀传统文化的土壤之中，早已融入民族心，铸就民族魂。尤其近百年来，在中国共产党的领导下，中国人民的爱国主义同革命、

"平语"近人

> 在社会主义核心价值观中，最深层、最根本、最永恒的是爱国主义。爱国主义是常写常新的主题。拥有家国情怀的作品，最能感召中华儿女团结奋斗。范仲淹的"先天下之忧而忧，后天下之乐而乐"，陆游的"王师北定中原日，家祭无忘告乃翁"、"位卑未敢忘忧国"、"夜阑卧听风吹雨，铁马冰河入梦来"，文天祥的"人生自古谁无死，留取丹心照汗青"，林则徐的"苟利国家生死以，岂因祸福避趋之"，岳飞的《满江红》，方志敏的《可爱的中国》，等等，都以全部热情为祖国放歌抒怀。
>
> ——习近平：《在文艺工作座谈会上的讲话》（2014年10月15日）

建设、改革的伟大实践紧紧联系在一起，成为维系中华民族团结统一的强大精神纽带，激励着一代又一代中华儿女为祖国发展繁荣接续奋斗。

中国特色社会主义进入承上启下、继往开来的新时代，新的发展历史方位和历史进程为爱国主义精神注入了新的丰富内涵，赋予了新的时代特征，焕发出新的勃勃生机。我们比历史上任何时候都更接近中华民族伟大复兴的目标，更应唱响爱国主义主旋律，让它成为激励奋斗者凝心聚力、勇敢向前的嘹亮号角。

要增强"四个意识"、坚定"四个自信"、做到"两个维护"，使爱国主义成为全体中国人民的坚定信念、精神力量和自觉行动。

道德案例

林俊德：纵死终令汗竹香

林俊德，男，汉族，中共党员，1938年3月出生，1960年9月入伍，福建永春人，生前系原总装备部某基地研究员，中国工程院院士。他投身国防科技事业50多年，是我国爆炸力学与核试验工程领域著名专家，年过七旬依然战斗在科研试验第一线，最终病逝在工作岗位上。1990年被国家评为有突出贡献的中青年专家，同年光荣参加团中央"奋斗者的足迹"知识分子报告团，1999年特邀出席"两弹一星"突出贡献科技专家表彰大会，荣立一等功1次、二等功1次、三等功2次，被中央军委授予"献身国防科技事业杰出科学家"荣誉称号，全军挂像英模。他始终胸怀报国强军的坚定信念，携笔从戎，毅然走进"死亡之海"罗布泊，一辈子战斗在科研试验一线，即使身居艰苦环境、几经岗位调整，甚至遭遇人生挫折和病痛折磨，也无怨无悔、从未动摇，生动诠释了一名革命军人的真挚情怀。

将爱国主义教育的永恒主题贯穿于国民教育和精神文明建设全过程之中，以理服人、以文化人、以情感人，让爱国主义精神深深融入每一个人的意识之中，转化为自觉行动，构建起共同精神支柱和强大精神动力，一个国家才会呈现出蓬勃发展、自强不息的生命力和凝聚力。

要牢牢把握时代主题，引导人们深刻认识中国梦的本质是国家富强、民族振兴、人民幸福。中国革命、建设和改革的伟大实践有力地证明：离开了先进政党的领导、先进制度的依托，就不可能有强大繁荣的祖国，更不可能有个人的尊严。只有坚持爱国和爱党、爱社会主义高度统一，不断增强对伟大祖国、中华民族、中华文化、中国共产党、中国特色社会主义的认同，凝聚起建功新时代、实现民族复兴的磅礴伟力，个人梦和中国梦才能同频共振，紧密相连。

以浓厚的家国情怀和强烈的社会责任感，自觉把个人梦想融入实现中国梦的壮阔篇

"平语"近人

我们要以黄大年同志为榜样，学习他心有大我、至诚报国的爱国情怀，学习他教书育人、敢为人先的敬业精神，学习他淡泊名利、甘于奉献的高尚情操，把爱国之情、报国之志融入祖国改革发展的伟大事业之中、融入人民创造历史的伟大奋斗之中，从自己做起，从本职岗位做起，为实现"两个一百年"奋斗目标、实现中华民族伟大复兴的中国梦贡献智慧和力量。

——习近平对黄大年同志先进事迹作出的重要指示（2017 年 5 月 24 日）

章，为我国教育和科技事业作出了突出贡献，这是吉林大学教授黄大年同志浓墨重彩的一生。习近平总书记对黄大年同志先进事迹作出重要指示，强调要以黄大年同志为榜样，学习他的爱国情怀、敬业精神和高尚情操。总书记的重要指示，具有深刻的时代内涵和重大的时代意义，是我们进一步做好教育工作的行动指南。

当前，我国正处于全面建成小康社会的决胜阶段，处于推进实现"两个一百年"奋斗目标、实现中华民族伟大复兴中国梦的伟大时代。伟大时代需要弘扬伟大的精神。我们要积极响应习近平总书记的号召，深刻理解、大力弘扬黄大年精神，从自己做起，从本职岗位做起，学有方向、做有楷模、赶有标杆，自觉为人民服务、为人民造福，努力作出无愧于时代的业绩。

心有大我、至诚报国的爱国情怀是黄大年精神的本质特征。爱国主义是中华民族绵延发展、赓续传承的精神品格。"振兴中华，乃我辈之责""国家在召唤我们，我应该回去"，在黄大年心中，国家至上、民族至上、人民至上是不变信条，祖国需要是最高需要，服务国家是最好归宿。大力弘扬黄大年精神，就是要把准思想方向，摆正价值航标，心有大我、胸怀祖国、以身许国，让小我融入大我，让生命为祖国而澎湃，把为国家富强、民族振兴、人民幸福贡献力量作为毕生追求，"修身、齐家、治国、平天下"。广大教师和科技工作者要把爱国作为职业道德之根本、必修之大德，"苟利国家生死以，岂因祸福避趋之"，自觉崇德养德、重德厚德，始终听党话跟党走，坚定中国特色社会主义道路自信、理论自信、制度自信、文化自信，真正做到虔诚而执着、至信而深厚、刻骨而铭心。广大留学归国人员要继承和发扬留学报国的光荣传统，进一步了解党情、国情、民情、社情，树立正确的历史观、民族观、国家观、文化观，自觉做爱国主义的坚守者和传播者，把个人成功的果实结在爱国主义这棵常青树上。广大学生要树立"为中华之崛起而读书"的远大志向，把报国为民化作学习的不竭动力，勤于学习，敏于求知，掌握真才实学，努力在为祖国和人民奉献的过程中实现自己的人生价值。

教书育人、敢为人先的敬业精神是黄大年精神的集中体现。敬事而信、敬业乐群，敬业是中国人民的传统美德。黄大年教书育人、为国育才，潜心科研、敢为人先，不知疲倦地求索，充满激情地登攀，成了人们心目中的"拼命黄郎"，培养出了一大批一流的莘莘学子，获得了一系列一流的科研成果。大力弘扬黄大年精神，就是要把岗位看作实现人生价值的哨位，把事业当成报效祖国的战场，爱岗敬业，搏击中流，"捧着一颗心来，不带半根草去"。广大教师要时刻铭记立德树人的根本使命，甘守三尺讲台，甘当人梯，甘当铺路石，把全部精力和满腔热情献给教育事业，努力做学生锤炼品格、学习知识、创新思维、奉献祖国的引路人。要增强创新意识，把握创新特点，遵循创新规律，投身创新实践，得风气之先、开风气之先、敢为天下先，敢于当先锋，敢于走前人没有走过的路，敢于挑战最前沿的科学问题，力争有所突破、有所发展、有所建树，抢占科技高地，勇攀科技高峰，努力为创新型国家建设贡献智慧和力量。

淡泊名利、甘于奉献的高尚情操是黄大年精神的厚重底色。

人生有底色，不同的底色往往能决定人生发展的不同路径。如何看待名利，是否甘于奉献，这就像是一把无形的尺子，衡量着底色的厚度，标志着境界的高度。"如果祖国需要，我必全力以赴""常思奋不顾身，而殉国家之急"，黄大年不计名利、躬身前行，夙夜在公、无私付出，把自己的一生奉献给了祖国，把生命最绚丽的部分奉献给了教育和科技事业。大力弘扬黄大年精神，就是要淡泊名利、一心为公，担当道义、甘于奉献。广大教师要带头践行社会主义核心价值观，树立高尚的道德情操和精神追求，不为名驱、不为利诱，辛勤耕耘、默默奉献，学为人师、行为世范，传道解惑、化育英才，坚持教书与育人相统一、言传与身教相统一，既当好经师、学术之师，以学术造诣开启学生智慧之门；更当好人师、品行之师，以人格魅力引导学生道德成长。要涵养定力、克服浮躁、淡泊明志、宁静致远，远离急功近利、追名逐利，沉得下心、静得下气，耐得住寂寞、坐得住冷板凳，心无旁骛、静心研究，写大文章、做大学问，努力为培养具有社会责任感、创新精神和实践能力的优秀人才作出新贡献。

2. 爱国奉献是新时代需要的个人品德

2019 年 10 月 1 日早上，5 点半左右，黄海前哨开山岛上，天才微微亮。

这是新中国成立 70 周年的日子，岛上值守的民兵升起了一面崭新的五星红旗。

海面很平静。阳光穿过薄薄的海雾，照在鲜艳的国旗上，洒向守岛英雄王继才的铜像——他手指着太阳升起的方向，眺望着王继才同志守岛卫国32年，用无怨无悔的坚守和付出，在平凡的岗位上书写了不平凡的人生华章。我们要大力倡导这种爱国奉献精神，使之成为新时代奋斗者的价值追求。

——习近平对王继才同志先进事迹作出的重要指示（2018年8月5日）

波光粼粼的大海。

英雄，仿佛从未曾离开过。

这座面积仅有0.013平方公里的国防战略岛，长期没水、没电、缺衣少食，王继才却整整坚守了32年。他让五星红旗每天在这里伴着朝阳升起，让松树、桃树、梨树在石头缝上开花结果，而自己却因积劳成疾，永远倒在了开山岛的台阶上。

在庆祝新中国成立70周年之际，王继才被授予"人民楷模"国家荣誉称号。

开山岛是我国的黄海前哨。1985年部队撤防后，当地人武部曾先后派出4批10多名民兵守岛，都因条件艰苦没能长期值守。1986年7月，人武部政委找到王继才。面对组织挑选，他毫不犹豫接受了任务，瞒着家人上了岛。

放心不下丈夫的妻子王仕花知道后，毅然辞去工作，上岛与丈夫并肩值守。

从此，王继才夫妻俩每天做的第一件事就是在岛上升起五星红旗。

没有人让他们升旗，王继才却认定，在这座岛上国旗比什么都重要。

他曾说："升起国旗，就是要告诉全世界，这里是中国的土地，谁也别想欺负咱！"

一次，台风来袭，王继才脑子里只想着国旗。他顶着狂风，跌跌撞撞爬到山顶，奋力把国旗降了下来。

回来时，他一脚踩空滚下17级台阶，肋骨摔断了两根，人差点被吹进海里卷走。可手里，还紧紧抱着那面国旗，像是护着一个初生的孩子。

第二天，赶来的渔民把他接下岛送进医院。大家劝他，为了一面旗摔成这样，如果真的命没了，值得吗？

王继才却说："守岛这么多年，开山岛就是我的家，如果哪天真出事了，就把我埋在岛上，让我一辈子陪着国旗！"

海风呼啸间，王继才坚持了32年，让开山岛永远飘扬着一抹令人魂牵梦绕的红色，直到他生命的最后一刻。

开山岛是座石头山，上面没水、没电、没粮，只有几间破营房。一年四季，石缝里的茅草绿了又黄，在海风中簌簌发抖。当地人说，在上面活着都很难，更不要说守。

然而，王继才没有退缩。没有水，他们喝水窖里攒下的雨水；没有电，他们晚上点蜡烛；没有粮，他们在岛上种菜、捕鱼，让大女儿在岸上当"补给队长"，不时买点东西托渔民捎来。……

风一来，岛就与世隔绝了。有一次柴火用光了，夫妻俩一连嚼了5天生米。风停时，渔民上岛发现，他们已经饿得说不出话。

王继才没有动摇：守岛就是守国，守岛也是守家。

那30多年里，曾有过许多诱惑和机遇。走私犯要与他平分利润，蛇头对他威逼利诱、拳打脚踢，王继才没有动摇；岸上经济发展如火如荼，改革开放让周边的人们都富起来了，王继才没有离开。

一年又一年，守岛，从"有期限的任务"变成了"终生的使命"。

在与犯罪分子的斗争中，在对渔民、对设施的守护中，在每天升起的五星红旗上，王继才看到了自己守岛的价值。

儿子王志国曾因为工作枯燥乏味向父亲抱怨，王继才却语重心长地告诉他："如果你觉得工作没趣味，那是因为你没花时间、没用心。"

王志国在以后的日子里才更深刻领会到这句话的含义：用了心，花了时间，再平凡的小事，也会有价值。

（二）新时代爱国奉献的具体要求

什么是爱国奉献，不同的行业、不同的岗位、不同的人群，会有不同的回答、不同的表现，有的轰轰烈烈、彪炳史册，有的默默无闻、甘于平凡。

但无论做什么、在哪里，不管事业怎样、业绩大小，都要坚守岗位干好本职工作，把爱国情怀转化为履职尽责的工作激情，在平凡中书写新时代的不凡。

> **"平语"近人**
>
> 实现中华民族伟大复兴的中国梦，是当代中国爱国主义的鲜明主题。要大力弘扬伟大爱国主义精神，大力弘扬以改革创新为核心的时代精神，为实现中华民族伟大复兴的中国梦提供共同精神支柱和强大精神动力。
>
> ——习近平：《大力弘扬伟大爱国主义精神 为实现中国梦提供精神支柱》
>
> （2015 年 12 月 30 日）

在庆祝新中国成

立 70 周年之际，中共中央、国务院印发《新时代爱国主义教育实施纲要》，深入阐明新时代爱国主义教育的指导思想、总体要求、基本内容，并就教育对象和方法、实践载体、氛围营造、组织领导提出明确要求，为加强新时代爱国主义教育提供了有力指导，对于引导全体人民弘扬伟大的爱国主义精神，为实现中华民族伟大复兴的中国梦不懈奋斗，具有非常重要的现实意义和深远的历史意义。

实现中华民族伟大复兴的中国梦，是新时代爱国主义的鲜明

道德案例

南仁东：梦想与坚守

南仁东是我国著名天文学家，是国家重大科技基础设施建设项目——"中国天眼"500 米口径球面射电望远镜工程（简称 FAST）的发起者和奠基人。他主导提出利用我国贵州省喀斯特洼地作为望远镜台址，从论证立项到选址建设历时 22 年，主持攻克了一系列技术难题，为 FAST 重大科学工程的顺利落成发挥了关键作用，作出了重要贡献。他不计个人名利得失，长期默默无闻地奉献在科研工作第一线，与全体工程团队一起通过不懈努力，迈过重重难关，实现了中国拥有世界一流水平望远镜的梦想。南仁东是勇担民族复兴大任的"天眼"巨匠，他为科学事业奋斗到生命的最后一刻，用无私奉献的精神谱写了精彩的科学人生，鲜明体现了胸怀祖国、服务人民的爱国情怀，敢为人先、坚毅执着的科学精神，淡泊名利、忘我奉献的高尚情操，真诚质朴、精益求精的杰出品格。他不愧为广大科技工作者的优秀代表，不愧为全社会学习的榜样。广大科技工作者纷纷表示，要全面贯彻党的十九大精神，以习近平新时代中国特色社会主义思想为指导，服务党和国家战略目标，勇攀世界科技高峰，在决胜全面建成小康社会、开启全面建设社会主义现代化强国新征程中作出新的贡献。

主题。加强新时代爱国主义教育，需要把握好这一时代主题，增强"四个意识"、坚定"四个自信"、做到"两个维护"，引导人们深刻认识中国梦的本质是国家富强、民族振兴、人民幸福，凝聚奋进新时代、实现民族复兴的磅礴伟力。要坚持用习近平新时代中国特色社会主义思想武装全党、教育人民，深入开展中国特色社会主义和中国梦教育，引导人们深刻认识中国共产党为什么"能"、马克思主义为什么"行"、中国特色社会主义为什么"好"，着力扎紧全国各族人民团结奋斗的精神纽带。要坚持爱党爱国爱社会主义相统一，引导人们深刻认识中国共产党领导是中国特色社会主义最本质特征、是中国特色社会主义制度的最大优势，激发全体人民爱党爱国爱社会主义的巨大热情，把新时代中国特色社会主义一以贯之进行下去。

新时代属于奉献者。从守岛英雄王继才，到海归科学家黄大年；从"百姓信赖的老大哥"廖俊波，到"太行新愚公"李保国……以祖国富强、民族振兴、人民幸福为己任，不负韶华、持续奉献，新时代呼唤这样的奋斗精神和价值追求。"在自己岗位上做一颗永不生锈的螺丝钉"，只要14亿中华儿女精诚团结、共同奋斗，撸起袖子加油干，就没有任何力量能够阻挡我们实现中华民族伟大复兴中国梦的步伐。

不忘初心，心系家国，做甘于奉献之人。个人利益为国家和社会的大局让步，是青年人义不容辞的使命。以国家和社会利益为重，舍小家为大家，服务社会，增强人民福祉，是我们青年人该有的精神状态。王继才同志守岛卫国32年，用无怨无悔的坚守和付出，在平凡的岗位上书写了不平凡的人生华章，我们青年人要学习的就是这种爱国奉献精神，同时这也是新时代奋斗者必备的人格素质。由此可见，奉献是一名有为青年不可缺少的品质，要想传承奉献精神，需要我们摒弃个人私欲，树立奉献意识并且积极付诸行动，服务社会，服务人民，推动社会进步。

忠于职守，勇挑重担，做肯奋斗之人。艰苦奋斗是中华民族的传统美德，青年人更应该传承把握这一优良品质。况且，幸福都是奋斗出来的，为了增进人民福祉，将自我奋斗融入能推动社会往更好的方向发展是我们不可推卸的责任。每个时代都有每个时代的精神和价值观念，在新时代的今天，为实现"两个一百年"奋斗目标，我们千千万万中国青年必将全程努力奋斗。因此，传承奋斗精神是作为有为青年必不可少的举措，要发扬拼搏奋斗精神，我们应该树立远大抱负和崇高理想，同时，还要脚踏实地，避免浮躁，一步一个脚印努力奋斗，最终实现自己的豪情壮志。

增长才干，肩扛责任，做有担当之人。敢于承担时代责任是有为青年人的必然要求，一个人只有将自己的命运融入国家这个大集体，才不负美好青春，才能展现自己的人生价值。有担当意识，才能在关键时刻和危急关头豁得出去，顶得上去，经得起考验。这就要求我们年轻人要有"在其位，谋其政"的主人翁意识，树立不怕担当的精神，自觉承担时代使命，自觉融入国家社会这个大家庭，将祖国的未来扛在肩上，凭借我们的朝气蓬勃，为国家富强贡献力量。

世界归根结底是属于青年人的，只要我们传承和发扬奉献精神、奋斗精神和担当精神，就能成为一名有为青年，从而像早晨八九点钟的太阳那样发光发热，进而实现自己的人生价值，推进社会进步，为实现国家繁荣昌盛贡献自己的力量。

（三）培育与践行新时代爱国奉献精神

事实上，爱国从来不是空洞的、短暂的、泛泛而谈的，而是具体的、永恒的、实实在在的。培育与践行爱国奉献精神，就要加强爱国主义教育，把爱国之情、报国之志融入祖国改革发展的

"平语"
近人

弘扬爱国主义精神，必须把爱国主义教育作为永恒主题。要把爱国主义教育贯穿国民教育和精神文明建设全过程。要深化爱国主义教育研究和爱国主义精神阐释，不断丰富教育内容、创新教育载体、增强教育效果。要充分利用我国改革发展的伟大成就、重大历史事件纪念活动、爱国主义教育基地、中华民族传统节庆、国家公祭仪式等来增强人民的爱国主义情怀和意识，运用艺术形式和新媒体，以理服人、以文化人、以情感人，生动传播爱国主义精神，唱响爱国主义主旋律，让爱国主义成为每一个中国人的坚定信念和精神依靠。要结合弘扬和践行社会主义核心价值观，在广大青少年中开展深入、持久、生动的爱国主义宣传教育，让爱国主义精神在广大青少年心中牢牢扎根，让广大青少年培养爱国之情、砥砺强国之志、实践报国之行，让爱国主义精神代代相传、发扬光大。

——习近平在十八届中共中央政治局第二十九次集体学习时的讲话（2015 年 12 月 30 日）

伟大事业之中，融入中国特色社会主义事业"五位一体"总体布局和"四个全面"战略布局的伟大奋斗之中。培育和践行新时代爱国奉献精神对青年的爱国教育尤为重要和迫切。

一要充实爱国主义教育内容。2018 年 5 月，习近平总书记在北京大学师生座谈会上的讲话中指出，"爱国，是人世间最深层、最持久的情感，是一个人立德之源、立功之本"。当代中国，爱国主义的本质就是坚持爱国和爱党、爱社会主义高度统一。强化新时代高校青年学生爱国主义教育，首先要明确爱国主义教育的指导思想和主题主线，根据爱国主义的新内涵和新要求，不断充实爱国主义教育内容。

二要坚持爱国主义教育指导思想。要以习近平新时代中国特色社会主义思想为指引，全面加强对高校青年学生的爱国主义教育，使青年学生成长为担当民族复兴大任的时代新人。要紧密结合高校青年学生学习生活实际，推进习近平新时代中国特色社会主义思想进课堂、进教材、进学生头脑，按照落细、落小、落实的要求融入青年爱国主义教育之中。坚持知行合一、学以致用，把爱国主义教育成果转化为爱国报国的实际行动。

三要突出爱国主义教育主题。历史深刻证明，爱国主义自古以来就流淌在中华民族血脉之中，去不掉，打不破，灭不了，是中国人民和中华民族维护民族独立和民族尊严的强大精神动力。从国家发展战略高度来讲，新时代高校青年学生爱国主义教育是国之大计、党之大计。必须坚持把实现中华民族伟大复兴的中国梦作为爱国主义教育的鲜明主题，引导青年学生把个人命运融入新时代国家发展的历史洪流中，争做新时代的奋斗者追梦人。

四要贯穿爱国主义教育主线。在中华民族几千年绵延发展的历史长河中，爱国主义始终是激昂的主旋律，始终是激励我国各族人民自强不息的强大力量。高校青年学生爱国主义教育内容应以正确的历史观、民族观、国家观、文化观为主线，始终将其贯穿于爱国主义教育全过程。围绕爱国主义教育主线，对高校青年学生广泛开展党史、新中国史、改革开放史教育，使之深刻认识历史和人民选择中国共产党、选择马克思主义、选择社会主义道路、选择改革开放的历史必然性，树立正确的历史观。强化祖国统一和民族团结进步教育，使学生认识到民族团结是中华民族根本利益所在，树立正确的民族观。深入开展国情教育和形势政策教育，加强青年学生的国家安全教育和国防教育，使青年学生正确认识中国国情，树立正确的国家观。还要着力进行中华优秀传统文化教育，帮助青年学生坚决反对文化虚无主义，树立正确的文化观。

五要聚焦爱国主义教育对象。青少年是爱国主义教育的重中之重。强化新时代高校青年学生爱国主义教育应聚焦和准确把握教育对象，关注高校青年学生的思想动态，发挥学生主体作用，构建以学生为主体、教师为主导的新时代思想政治理论课。

六要扩大爱国主义教育影响。今天，身处中华民族伟大复兴的关键时期，面对世界百年未有之大变局，爱国主义教育面临的内外环境、形势任务发生很大变化。进行新时代爱国主义教育，既要守正也要创新，不断丰富教育内容、创新教育载体、增强教育效果，让爱国主义教育体现时代特色、始终充满活力。实现新时代高校学生爱国主义教育的目标，必须扩大爱国主义教育影响，从强化教育实践、丰富教育载体和营造教育氛围等方面入手。在爱国主义教育显性影响和隐性影响的双重作用下，引导学生树立国家意识、增进爱国情感。

七要强化爱国主义教育实践。爱国主义教育不仅限于课堂内和校园内，更应广泛开展实践活动，并不断拓展爱国主义教育空间，扩大爱国主义教育影响。要通过丰富的教育实践使学生把爱国和爱党、爱社会主义统一起来，实现课堂实践和课外实践、校内实践和校外实践相结合。要广泛组织开展实践活动，通过主题党团日、主题班会等强化爱国主义教育，组织开展丰富多彩的校园文化活动，组织学生参观各类革命纪念馆和参加志愿服务和公益活动，并把实践范围扩大到城市社区、农村、部队等。要广泛动员和组织青年学生深入改革开放前沿、经济发展一线和革命老区、民族地区、边疆地区、贫困地区，组织学生深入开展调研考察，加深对我国国情的认识，坚定爱国的追求。

八要丰富爱国主义教育载体。要充分调动传统载体和新载体的力量，通过青年学生喜闻乐见的音乐、美术、书法、舞蹈、戏剧作品等，进一步增强爱国主义教育的吸引力和感染力。要重视爱国主义教育网络阵地建设，通过推动媒体融合发展、建设全媒体来丰富爱国主义教育载体，唱响互联网爱国主义教育主旋律，形成爱国主义教育网上网下联动效果。要利用学生入学、毕业等重要场合开展升国旗唱国歌的仪式礼仪教育，通过入党入团仪式公开宣誓、重温誓词等形式，强化国家意识和集体观念。

九要营造爱国主义教育氛围。2019 年隆重举行的庆祝中华人民共和国成立 70 周年系列活动和"开学第一课"都使全国青年学生的爱国主义热情空前高涨，是集中生动的青年爱国主义教育。这些成功的爱国主义教育实践告诉我们，高扬爱国主义旗帜，要在培育爱国主义氛围、厚植爱国情怀上下功夫，要通过多种多样的教育载体和浓厚的教育氛围让青年学生自觉接受爱国主义教育。要加强校风建设，强化校训校歌校史的爱国主义教育功能，利用校训等对高校青年学生进行爱国主义教育。要把爱国主义教育贯穿国民教育和精神文明建设全过程，形成家庭、学校、社会三位一体的爱国主义教育合力。

三、明礼遵规

　　个人品德是公民个人在修养身心、规范举止方面的道德依循，与社会公德、职业道德、家庭美德，形成了由全体到个体、由外在到身心的完整道德链条。《纲要》提出，"推动践行以爱国奉献、明礼遵规、勤劳善良、宽厚正直、自强自律为主要内容的个人品德，鼓励人们在日常生活中养成好品行"。这一鲜明主张，充分反映了新时代对公民个人品德提出的新的更高要求，为促进社会全面进步、促进人的全面发展指明了努力方向。

（一）明礼遵规是个人品德的重要组成部分

　　中华民族历来重视个人品德修养，一直强调"修身、齐家、治国、平天下"传统。人作为国家社会的基础细胞，其人格的完善与塑造，正是小家幸福美满、国家和平昌盛的基石。

1. 礼之所尊，尊其义也

　　唐代学者孔颖达在解释"华夏"一词的含义时说："中国有礼义之大，故称夏；有服章之美，谓之华。"著名史学家柳诒徵先生也曾说："中国者，礼仪之邦也。以中道立国，以礼仪立国，是中华民族与其他民族相比较而言最具特色处。"

　　早在我国远古时代，礼就孕育于原始社会的风俗习惯中，到了西周时期，周公"制礼作乐"揭开了中国礼乐文明的序幕。儒家代表人物孔子、孟子、荀子都对礼的作用和价值给予高度的肯定。孔子提出"克己复礼为仁""不学礼，无以立""道之以德，齐之以礼"。孟子提出"以仁存心，以礼存心"。荀子是先秦礼文化的集大成者，系统阐述了礼之生成的根源和礼的社会价值。荀子认为礼是"人道之极""道德之极""国之命脉"，以及"天下从之者治，不从者乱，从之者安，不从者亡""礼有三本，天地者，生之本也；先祖者，类之本也；军师者，治之本也""人无礼则不生，事无礼则不成，国家无礼则不宁"；"礼义廉耻"中"礼"为第一，是维系国家的生命线、安顿民生的重器。足见"礼"在荀子思想中的位置多么重要！可以说，千百年来，经过"礼文化"的长期浸润，在每个炎黄子孙的血液里，都流淌着礼文化的基因。

经典名句

礼之所尊，尊其义也。失其义，陈其数，祝史之事也。故其数可陈也，其义难知也。知其义而敬守之，天子之所以治天下也。

——《礼记·郊特性》

　　在中国古代，礼是一个无所不包的系统，可分为制度之礼、仪式之礼和器物之礼；也可以分为礼仪、礼义、礼俗和礼制。礼仪是维系正常的生活秩序所需共同遵守的行为规范和准则；礼义指礼的形成背后所包含的意义；礼俗是人们在日常生活中约定俗成、对人的行为具有规范作用的习俗和仪式；礼制是从礼俗中提炼、升华并被统治阶级制度化了的对民众具有强制力的规范和准则。

几千年礼文化的浸透熏染，形成了礼文化传播的特点，一是无处不在的普遍性，二是润物无声的渗透性，三是风行草偃的示范性，四是以身体道的实践性，五是代代相传的继承性。

我们今天所讲的明礼遵规的"礼"，是在继承古代礼文化基础上适合新时代要求的规范和准则。尽管在具体内容上和古代礼的内容有所不同，但孔子提出的"不学礼，无以立"的关于礼的一般价值和礼教传播的方法仍然具有当代意义。

（1）何为明礼，何为遵规。我们伟大的祖国素以"礼仪之邦"而著称于世，在几千年的历史长河中，以礼待人的故事至今广为传颂，家喻户晓的《孔融让梨》的故事，在今天仍是对启蒙学生进行思想教育的典例，孔子的"非礼勿视，非礼勿听，非礼勿言，非礼勿动"的古训更是作为礼仪的重要思想内容教育着一代代炎黄子孙做个明礼人。明礼自古就是民族的传统美德，社会公德的内容。礼仪是人类为维系社会正常生活而要求人们共同遵守的最起码的道德规范，它是人们在长期共同生活和相互交往中逐渐形成的，并且以风俗、习惯和传统等方式固定下来。对一个人来说，礼仪是一个人的思想道德水平、文化修养、交际能力的外在表现，对一个社会来说，礼仪是一个国家社会文明程度、道德风尚和生活习惯的反映。

讲规矩、守规矩，是中华民族几千年来的共同行为规范和道德修养。没有规矩，不成方圆。一支队伍没有了规矩，就会步调不一，形如散沙；一项工作没有了规矩，就会急事办不妥，难事办不清，大事办不成；一个社会没有了规矩，就会失去秩序，失去人伦，陷入混乱。讲规矩、守规矩反映一个人的文化修养和性格特征，它是一种道德，是一种素养，是一种思想，更是一种能力。因此，我们不仅要在有人监督下守规矩，更要在无人监督下自觉遵守规矩，不仅要在从事危险工作时守规矩，更要在没有危险时也要自觉遵守规矩，将讲规矩守规矩固化为自己的良好习惯。

（2）明礼遵规从古至今都是中华民族传统美德。我国是文明古国、礼仪之邦。从古至今，大到"治国、平天下"，小到"修身、齐家"，中国人民的生活充满着礼仪制度。这些礼仪制度成为广大人民群众行为的规范，维护着中华民族的和谐延续。"礼仪"二字意涵丰富，中国古代就是"礼治"的社会，"礼"是国家政治与个人生活的规范。古代有"五礼"之说，体现了政治生活与个人生活中的道德规范。传统社会的"礼"也孕育出了

"平语"近人

要建立和规范一些礼仪制度，组织开展形式多样的纪念庆典活动，传播主流价值，增强人们的认同感和归属感。要利用各种时机和场合，形成有利于培育和弘扬社会主义核心价值观的生活情景和社会氛围，使核心价值观的影响像空气一样无所不在、无时不有。

——习近平：《把培育和弘扬社会主义核心价值观作为凝魂聚气强基固本的基础工程》（2014 年 2 月 24 日）

中国的宗法制度，使"礼"与"法"并重成为治国之道、仁政标准。作为行为方式的"礼"便是"仪（式）"，仪式作为礼的表现形式，在不断的演化中形成了自身的价值。制度化的"仪式"来源于国家对"礼"的规范和引导，也发展成了礼仪制度，体现了国家的主流价值观。"兴正礼乐，度制于是政"，从传说中的三皇五帝起，历代统治者都非常重视礼仪典范的作用，将礼仪规范上升为国家的礼仪制度，成为国家治理体系中的重要环节。

一般来讲，民族文化是一个民族区别于其他民族的独特标识，礼仪规范是民族文化重要组成部分。正如汪民安主编的《文化研究关键词》中所说，文化通过一套"标记符号"能够构造一种意识形态，对人民的生活进行深层次的"介入"。文化是一种能够激发政治本能的力量，通过刺激、引导和控制的作用，达成对政治统治一种宽泛的认同。丹尼尔·贝尔亦言，文化通过仪式"以想象的表现方法诠释世界的意义"。建立和规范社会主义礼仪制度，就要挖掘和阐发我们民族优秀的传统文化。

2. 新时代明礼遵规面临的挑战

（1）当下的人们出现了什么问题。2019年8月21日，由济南开往北京的G334次高铁上，男性孙某强行霸占女乘客的座位，且不听列车工作人员劝阻。时隔不到1个月，9月19日，由永州开往深圳的G6078次高铁上，又出现了女性周某某霸占他人座位的一幕。事件经曝光后，引起舆论高度关注。事件中，"霸座男"耍赖的嘴脸和"霸座女"撒泼跋扈的态度令人不齿，引来公众一片指责声。

公安部门及铁路部门给予当事人相应处罚后，事件看似平息了，然而"霸座"现象的出现，以及"霸座"发生后当事人的态度却不得不让我们思考："霸座"男女均为三十几岁的年轻人，他们为什么会做出如此举动？他们的"霸座"是偶尔为之还是习以为常？当下人们在明礼遵规方面到底出现了哪些问题？

一是"公共秩序意识"缺失。公共秩序是维持社会生活正常进行的保障，是社会人应具有的基本素养。按顺序排队，对号入座，遵守交通规则等都是遵守公共秩序的具体表现。相反，排队加塞、不遵守座次、闯红灯等则是"公共秩序意识"缺失的具体表现。高铁"霸座者"的行为是典型的"公共秩序意识"缺失。遵守公共秩序是社会人守法的基础，很难想象，一个"公共意识缺失"的人会敬畏法律法规。

二是"他人意识"缺失。"己所不欲，勿施于人"，"霸座者"的行为无视他人感受，私欲膨胀，以侵害他人利益来满足个人私欲，这是典型的"他人意识"缺失。

三是"廉耻意识"缺失。"不知廉耻"是最重的骂人之语，人一旦没有了廉耻之心，就没有了自尊，就没有了自我约束，或许什么事都能干得出来。"霸座者"的行为一开始可谓缺乏"公共秩序意识"，但"霸座"后在大庭广众之下耍赖撒泼的丑陋表演则是典型的不知廉耻。

（2）为什么会出现这些问题。一是规则教育的缺失。研究表明，大多数成年人的问题行为都源于童年时期。如果一个人在幼年时没有形成良好的规则意识，将会给其未来的发展养成许多坏习惯和造成一些障碍。但是在现实生活中，存在孩子学校不敢管、家长舍不得管、社会疏于管的现象。学校教育、家庭教育及社会教育中规则养成教育成了一个"盲区"。

二是现实生活中不良现象的误导。普遍守法是法治社会的当然特征，严厉制裁违法行为是保障法治权威和发挥法治威慑力的必要条件。但是现实中，在一些方面，由于责任设置过低，特别是查处率不高，导致违法成本极低、守法成本相对极高，不仅诱使当事人违法，更重要的是客观上造成"逆向选择"，守法者吃亏、违法者赚便宜，进而劣胜优汰，并导致普遍违法。

（二）新时代明礼遵规的具体要求

明礼遵规既是一个认知的过程，又是一个实践的过程。道德本身就是源自生活，实践也是为了更好地指导生活，将道德规范自觉融入日常生活之中，有利于人们在生活中直接获取经验，明晰自身角色，体悟社会责任，自觉自愿地克制欲望，规范自己的行为。

"平语"
近人

要在道德教育中突出法治内涵，注重培育人们的法律信仰、法治观念、规则意识，引导人们自觉履行法定义务、社会责任、家庭责任，营造全社会都讲法治、守法治的文化环境。

——习近平在十八届中共中央政治局第三十七次集体学习时的讲话（2016 年 12 月 9 日）

1. 文明其表

习近平总书记指出，"当高楼大厦在我国大地上遍地林立时，中华民族精神的大厦也应该巍然耸立"。改革开放40多年来，中国的物质生活发生了翻天覆地的变化，我们的精神文明也应"水涨船高"。否则，就像有网友批评"霸座者"："你的素质配不上你乘坐的高铁。"的确，仓廪实而知礼节，每个时代都有相匹配的时代精神与公共守则。乡间大客车或许可以"喊一嗓子、停一脚"，城市公交却必须到站才能停车；熟人社会，很多事还可以"行个方便"，现代社会，尊重规则是对权利的保护。我们要让美德和善举挤压自私与冷漠，以公共文明塑造公共场域，构建匹配我们时代的精神文明。

有人这样定义公共文明：根植于内心的修养、无须提醒的自觉、以约束为前提的自由、为别人着想的善良。相较于物质生活的富足，日常举手投足的审美，更能折射一个社会的文明。公共场合不要大声接打电话、自助餐厅按需取餐不"哄抢"、后面有人别着急关电梯，这样的文明细节不仅仅是行为上的规范，也意味着一种精神上的自制、自觉和对他人的尊重。在现代社会，教养是一个人最好的名片。对整个社会来说，实现精神上的现代化也是一次文明再造的契机，通过持之以恒的努力，给传统以新生，给岁月以文明。

任何一种文明的成长和成熟，都离不开规则和制度的支撑。社会学家认为，信任是为了简化人与人之间的合作关系。法治和规则同样如此。在一个14亿人口的超大规模社会中，如果人与人之间的每一次合作，都需要不断地打量和试探，社会如何维系，文明又如何延展？就像机动车要靠右行驶一样，如果有人"赶时间"选择逆行，固然得到了一时的便捷，但也制造着安全隐患。正因如此，我们信仰法治、遵守规则，是为了让公共空间变得稳定、可预期。规则是文明的内化，被普遍遵行的规则就像安全带一样，是社会健康运行的安全保障。

公共场域的文明代表着一个民族的精神成熟。思想者说，对文明的真正检验，不在于人口多寡，不在于城市规模，不在于庄稼产量，而在于这个国家造就出了什么样的人。许多人都还记得这样一个细节，2014 年习近平主席出访期间，谆谆提醒中国公民海外旅游讲文明，"矿泉水瓶子不要乱扔"。正如在一滴水中折射出太阳，一个果壳里藏着整个宇宙，现代社会，每个人都是文明的因子。文明不仅仅体现在精神层面，更体现在你我日常的举手投足、洒扫应对。尤其在经济全球化时代，当中国出境游突破上亿人次，每一个乱丢的瓶子、乱闯的红灯，都有可能影响别人的文明观感。这就需要我们以"文明使者"的自觉，体现出和大国身份相适应的文明教养，与"礼仪之邦"相匹配的中华风范。

2. 制度其里

改革开放 40 多年来，我国法治建设逐渐完善、规则体系日趋成熟，如何培养出与之相匹配的规则意识、精神文明，成为摆在我们面前的重要课题。习近平总书记指出，"注重培育人们的法律信仰、法治观念、规则意识，引导人们自觉履行法定义务、

"平语"
近人

没有规矩不成方圆。无论什么形式的媒体，无论网上还是网下，无论大屏还是小屏，都没有法外之地、舆论飞地。主管部门要履行好监管责任，依法加强新兴媒体管理，使我们的网络空间更加清朗。

——习近平在十九届中央政治局第十二次集体学习时的讲话（2019年1月25日）

社会责任、家庭责任，营造全社会都讲法治、守法治的文化环境"。可以说，捍卫以法律和公序良俗为基础的规则文明，是中国现代化进程的一道必答题。改革开放40多年来，我国法治建设逐渐完善、规则体系日趋成熟，如何培养出与之相匹配的规则意识、精神文明，成为摆在我们面前的重要课题。

有时候，矛盾、误会乃至风险，常源于对规则的漠视。有的人在公共场所高声喧哗，是没意识到"自己声音大会影响他人"，稍加提醒还能改正；但也有人属于"明知故犯"，规则于自己有利就遵守，规则妨碍了自己就破坏；更有甚者，认为守规则是笨拙、迂腐、怯懦，绕过规则得了便宜，才显得聪明、灵活、有本事。凡此种种，不仅容易引发矛盾、扰乱秩序，还会"摊薄"社会信任，带偏社会风气。无规矩不成方圆，这句尽人皆知的俗语，今天依然发人深省。

在现代社会的文明肌体中，规则就是筋和骨。有了明确的规则，才能框定人们的行动边界。在传统熟人社会，人的流动性不强，熟人之间的评价，构成了"该做什么，不该做什么"的标准。

在现代社会，人的流动性强，"住了3年没跟邻居说过一句话"也不鲜见。这样的"陌生人"社会里，人与人之间需要明确的规则来协调彼此关系，定义"该做什么，不该做什么"。从楼道里"不准倒垃圾"的告示，到国家的成文法律，只有规则才能成为现代社会正常运转的"润滑剂"。也只有通过培育人们的规则意识和守则能力，才能推动我们的社会向着有序、文明的方向挺进。

不遵守规则就要付出"代价"，是督促人们遵守规则的重要动力。绝大多数人对法律令行禁止，是因为知道违反法律的严重后果。但法律只是规则的一种。为什么有行人看到红灯亮起，仍不假思索地闯过去？为什么有人无视禁止吸烟的标识，转过头去就点上一支？为什么有人敢于"碰瓷"，信奉"越胡闹越有利"的歪理？很大一个原因，就在于违反规则的"代价"不高，有时候还能占"便宜"。这样的苗头不刹住，也会影响全社会对规则的敬畏。对整个社会来说，无论是道德规范、行业规则，还是公司章程、校规校纪，恰恰是那些"软规则"的落实情况，展现着文明的水准与素质的高低。

重庆万州公交车坠江事故牵动人心。这场悲剧以血的代价警示人们，很多时候规则是生命的"安全带"。"一个不守规则的乘客，一位处置不当的司机，让15条生命瞬间逝去。"人们在愤懑、感慨、悲叹的同时也在反思，假如车厢里有人警示抢夺方向盘的法律后果，有人上前进行有效制止，也许悲剧就不会发生。确实，当我们的社会氛围，能对不守规则的行为尽快给出否定评价和制止行动,公共场所的不文明行为就能大大减少。在互联网、社交媒体的时代,不守规则的"代价"被显著提高了。无论是高铁上霸座,还是景区里破坏公物,只要被晒上网,就不得不承受来自舆论的谴责和压力。在不文明行为可能被随时随地"现场直播"的今天,每个人都需要培养一点尊重规则、敬畏规则的"镜头感"。

不守规则的代价需要提高,守规则的意识则需要深入人心。不久前,一位警察在给违规车辆开罚单时,发现6岁的孩子正在"教育"违规的父亲:"我爸该罚,喊他停在停车库他不听,到处乱停车,就要处罚他。"幼小的孩子不一定懂得违规的"代价",但却从心底里认同"守规则才是对的"。为刚性的规则体系构建成风化雨的文化环境,通过教育的方式在每个人心中播下规则的种子,才能让自觉遵守规则融入血液,凝聚起全社会的文明共识。

不久前,有地方的教育部门对社交网络中的家校群"约法三章",制定出提升网络平台交流效率的新规则。网友感慨,无论技术怎样进步、社会如何发展,规则都是"基础设施"。用实际行动捍卫我们的规则文明,就是在点亮你我生活、创造美好未来。

(三)新时代明礼遵规的道德实践

"一个没有精神力量的民族难以自立自强,一项没有文化支撑的事业难以持续长久。"构建匹配我们时代的精神文明,就是唤起人们心中的文明因子，并让它开枝散叶，成为全社会的自觉行动和文明习惯。而我们社会也将因这一巨大的精神力量，闪耀出既传统又现代的文明之光，照亮前路、引领未来。

1. 明礼遵规重在实践

> **"平语"近人**
>
> 继承和发扬中华优秀传统文化和传统美德，广泛开展社会主义核心价值观宣传教育，积极引导人们讲道德、尊道德、守道德，追求高尚的道德理想，不断夯实中国特色社会主义的思想道德基础。
>
> —— 习近平在十八届中共中央政治局第十三次集体学习时的讲话（2014年2月24日）

"文明靠法治""不以规矩不成方圆，法律应该与社会发展齐头并进"。法治，是这个时代的共识。不文明行为之所以更为刺目刺耳，除了社交媒体这个放大器，很大一个原因也在于，信奉法治者越来越多，公众法治意识在稳步提升。这能从一系列公共话题的探讨中得到印证。面对侮辱烈士名誉事件，鼓励"骂回去"的少了，呼吁为英雄烈士人格利益权立法者多了；看到因延误而大闹机场，一道起哄者少了，认可"黑名单"制度者多了；对于警察执法，更多人能站在公允立场，支持"既不能粗暴也不能宽松软"。对热点话题，公众的探讨越来越不局限在事实浅表，而逐渐向法治层面深入，这是法治意识不断提升的体现，也构成了全面依法治国的坚实基础。

当然在现实生活中，诸如开车逆行、违法占道停车等"目中无法"的现象依然不少见。究其原因，还是因为存在一个"文明的剪刀差"：权利意识不断高涨，但法治意识还没跟上。一些人越来越懂得如何保护自身权益，却常常对法律规范表现出无知或冷漠，以致每每"严于律人，宽以待己"。事实上，珍视自己言论自由，不等于可以随意上网谩骂；希望医生重视自己的诊疗机会，不等于一言不合就挥拳伤医。权利如果不能正确行使，不仅不能成为法治进程的铺路石，反而可能变成诱发争端的导火索。正如法律格言说的那样："在一个多少算得上是文明的社会里，一个人所能够拥有的一切权利，其唯一的来由是法律。"换句话说，不侵犯他人的合法权利，自身权益才能被保障，彼此权利都能被维护，社会的福利才能最大化。

习近平总书记在党的十九大报告中提出，坚持全面依法治国，要"提高全民族法治素养"。涵养法治意识，呵护的正是社会文明。醉驾入刑后，喝酒开车者大为减少。人们从一开始的"忌惮严查"到后来"自觉遵守"，再后来，同桌都来劝着"开车别喝酒"。一个法条改变的不仅是路上的文明，更有饭桌上的风气，是行为，更是思维。也许有人会问：这样的法治会不会显得人情淡漠？应该说，法治社会之治，确实迥异于熟人社会，但它并不意味着冷漠无情，也从不排斥人间真情。我们有理由相信，在电子商务法的保障下，键对键的网络交易，可以比面对面的传统交易更安全；有法律保障的"常回家看看"，不仅在强调个人的尽孝义务，也在保障今后被孝顺的权利。那些因为遵纪守法而付出的"代价"，兜兜转转，最终能得到整个社会的文明回报。

法治社会不能仅仅寄希望于"君子慎独"，而有赖于制度化约束。这也意味着，涵养法治意识，离不开一以贯之的落实。正如飞机、高铁上对吸烟的"零容忍"，让烟瘾再大的烟民也能在旅途中安分守己。制度的刚性，不仅树立了稳定的法治预期，也助推了文明的"提速"。正因如此，当"高铁霸座"连续刷屏，绝大多数人倾向于要亮剑、要刚性执法。保持权利边界的清晰可见，避免不文明对文明的挤出效应，以严格执法捍卫守法者的权益，是一个法治社会的应有之义。

时至今日，法治不仅是一种社会信仰，也是一种生活刚需。党的十九大报告写道，"我国社会主要矛盾已经转化为人民日益增长的美好生活需要和不平衡不充分的发展之间的矛盾"。而法治，正是美好生活需要的内涵之一。在这个意义上，每个人的法治意识与法治素养，不仅构成了全面依法治国的基石，也构成了美好生活的一部分。在法治这趟列车上，没有一个人在车窗外，大家彼此关切且彼此成就。

2. 新时代如何发扬明礼遵规品行

同一个人，步行过马路时，遇上急事可能会闯红灯，但若在车里握着方向盘，再着急往往也能遵规守矩；同一个人，在绿皮火车里会吞云吐雾，但一上了高铁就能全程禁烟。为何如此？违法成本不同，执法刚性也不同。这种对比也启示我们：文明不仅是倡导、教育出来的，也是管出来的。

梳理中外社会文明史就能发现，一个社会的文明素养，既是历史演进的结果，也是持续管理的结果。去日本旅游的人，往往会感慨于其公共文明：一丝不苟的垃圾分类，不留一片垃圾在体育赛场，井然有序的公共场所。……究其源头，1948 年出台的《轻犯罪法》功不可没，什么是现代社会的"勿以恶小而为之"，法律写得明明白白。即便如此，20 世纪 80 年代，富起来的日本人在走出国门时也产生过"观光摩擦"，大声喧哗、不守秩序，以至于日本媒体写社论提示国民"尊重对方国家风俗、习惯、礼仪"。

可见，文明是一面镜子，在比较中更能正衣冠、知不足；另一方面，约束是压舱石，一旦脱离执法环境、缺少了刚性约束，已经提升的文明素质也可能又倒退回去。要实现从"人人独善其身"到"人人相善其群"的递进，一定的外部约束，总是不可或缺的。

文明是管出来的，是因为在权利与义务这两端，人们往往愿意享受文明的成果，却不愿承担文明的成本。比如，许多人羡慕欧美国家立法保护小动物，殊不知养犬人身上背负的义务条款数不胜数：上保险、打疫苗、戴口套，攻击性犬的主人还需在庭院明显处竖立标牌，等等。不仅如此，如果狗闯祸或者由于主人的疏忽致使他人受到伤害，狗主人除了会面临高额罚款，还可能要承担刑事责任。最近，国内多地出台针对"不文明养犬"的处罚规定，严厉处罚"遛狗不牵绳"等行为，也正是看到了"管理"之于文明养犬的重要性。在现代社会，法律规则就是在权利与义务之间的那条绳子，松紧适度、两头不落，才能让更多人知边界、明事理、懂规矩、不逾矩。

文明是管出来的，还因为管理缺失导致的"公地悲剧""破窗效应"在现实中比比皆是。在一些欧美发达国家的中心城市，一街之隔，常有静谧与脏乱差的霄壤之别，这就是持续治理与"放弃治疗"的区别。反过来，只要对违法行为持续"零容忍"，总能不断筑牢社会的底线思维与文明习惯。正是因为醉驾入刑，"开车不喝酒，喝酒不开车"在中国社会蔚然成风；正是因为"失信者黑名单"制度持续发力，欠债故意不还的老赖开始减少；正是因为有严密的监管体系，人们对网购的信任指数越来越高。"一时不文明，时时受约束；一处不文明，处处受阻碍"，只有形成这样的鲜明导向，才能让文明的举止始于自发、成于自觉。

古语云"从善如登"，提升文明程度从来就不易。一个文明社会的形成，既需要自律，也需要他律；既需要好言好语的劝导，更需要法律制度的规范。刚性的制度、严格的管理也是一种唤醒，它唤起人们的文明意识，形成人们对文明的敬畏，最终让文明内化于心、外化于行。2018 年 5 月，中共中央印发了《社会主义核心价值观融入法治建设立法修法规划》；2018 年 11 月，最高人民法院发布了《关于在司法解释中全面贯彻社会主义核心价值观的工作规划（2018—2023）》，发挥社会主义核心价值观对社会文明建设的引领作用，不仅需要教育引导、实践养成，也需要制度保障。只有从内因到外因共同发力，才能不断推动社会文明水平的提升。

改革开放之初，"新加坡奇迹"让前往考察的国人深受触动；而从持续而深远的影响来看，让国人内心更为震动的，是新加坡包括"鞭刑"在内的严明的法治和管理。40 多年后的今天，"当高楼大厦在我国大地上遍地林立时，中华民族精神的大厦也应该巍然耸立"，这样的大厦，需要以"没有规矩不成方圆"的态度去建设，让每一个人都为之添砖加瓦。

四、勤劳善良

勤劳善良是中华民族的传统美德，也是中国革命道德和社会主义道德的重要构成部分。把勤劳善良作为新时代公民个人品德的基本内容，是社会发展对每个公民的强烈呼唤，是新时代公民应有的美好品质。

（一）民生在勤，勤则不匮

中华民族是勤于劳动、善于创造的民族。正是因为劳动创造，我们拥有了历史的辉煌；也正是因为劳动创造，我们拥有了今天的成就。中国特色社会主义事业大厦是靠一砖一瓦砌成的，人民的幸福是靠一点一滴创造得来的。

"平语" 近人

有梦想，有机会，有奋斗，一切美好的东西都能够创造出来。全国各族人民一定要牢记使命，心往一处想，劲往一处使，用13亿人的智慧和力量汇集起不可战胜的磅礴力量。

——习近平在第十二届全国人民代表大会第一次会议上的讲话（2013年3月17日）

"平语"
近人

中国人民自古就明白，世界上没有坐享其成的好事，要幸福就要奋斗。今天，中国人民拥有的一切，凝聚着中国人的聪明才智，浸透着中国人的辛勤汗水，蕴涵着中国人的巨大牺牲。我相信，只要13亿多中国人民始终发扬这种伟大奋斗精神，我们就一定能够达到创造人民更加美好生活的宏伟目标！

——习近平在第十三届全国人民代表大会第一次会议上的讲话（2018年3月20日）

1. 中华民族是勤于劳动、善于创造的民族

勤劳是中国传统道德中形成最早、普及最广、影响最大的美德之一，是人们对待劳动的态度和品质。作为道德规范，勤劳要求人们热爱劳动，勤于劳动，不畏艰苦，不懈奋斗，朴素节俭，用自己的双手创造未来和丰富生活。人类的产生和发展历史，就是一部劳动的历史。与勤劳相对的是懒惰，它被视为万恶之源，被人们痛斥和鄙视。懒惰如同毒药，既毒害人的肉体，也毒害人的心灵，滋生邪恶，消弭意志，贻误人生。一个懒惰的个人是没有未来的，一个懒惰的民族无法屹立于世界民族之林。

中华民族的勤劳美德深深植根于中华民族的历史沃土。中华民族是世界上诞生最早、开化最早的民族之一，早在远古时期，恶劣的生存环境和生产条件，塑造了中华先民勤劳顽强的性格。中华民族以艰苦卓绝的拼搏精神，勤勉劳作，艰辛奋斗，孜孜不倦，求生存、谋发展。一部中华文明史，就是中华民族的勤劳奋斗史。

勤劳美德贯穿中华民族的漫漫发展历程，展现于中华民族社会生活的各个领域。数千年的发展历史已经把勤劳沉淀为一种特有的民族精神，中华民族伟大的生命力来源于这种绵延不绝的民族精神。

勤劳的道德观念深深烙印在中华民族的民族意识中，勤劳被视为事业成功的保证，家国兴旺的基础，安邦治国的根本。远古先哲说，"克勤于邦，克俭于家"，"功崇惟志，业广惟勤"，认为坚守勤劳节俭，志向远大，是为人之道、业成之理、治国之要。一些倡导勤劳的谚语在民间广泛流传："勤有功，嬉无益""勤为无价之宝""一年之计在于春，一生之计在于勤""居家不得不俭，创业不得不勤""辛勤劳动的人，双手是万物"。依靠勤劳美德，我国劳动人民创造了无数人类奇迹，造纸术、指南针、火药、活字印刷术、地动仪、万里长城、京杭大运河、都江堰、紫禁城、颐和园、秦始皇兵马俑、莫高窟、布达拉宫、灵渠……这些都是中华民族勤劳智慧的历史见证。

"平语"近人

我们的人民是伟大的人民。在漫长的历史进程中，中国人民依靠自己的勤劳、勇敢、智慧，开创了各民族和睦共处的美好家园，培育了历久弥新的优秀文化。

——习近平：《人民对美好生活的向往，就是我们的奋斗目标》

（2012 年 11 月 15 日）

在新民主主义革命、社会主义革命和建设中，勤劳的传统美德通过热爱劳动、劳动光荣、勤奋劳动、艰苦奋斗的道德规范表现出来。在剥削阶级的腐朽观念中，劳动是低贱的，劳动阶级是卑微的。而在马克思主义者看来，"劳动创造了人本身"，生产劳动才是人类社会发展的根本动力，劳动人民是历史的创造者。人在劳动中学会直立行走，开始语言交流；在劳动中改造自然，征服自然，积累物质财富与精神财富。是生产劳动创造了人类自身和人类社会，形成了各种生产关系和社会关系，推动人类社会从低级向高级发展。

提倡劳动光荣、勤奋劳动、尊重劳动者，是马克思主义道德与剥削阶级道德的重要分水岭，是革命道德的本色。在中国革命和建设的伟大历史进程中，中国共产党把马克思主义唯物史观与中国革命和建设的具体实践相结合，把勤劳美德与新的时代发展相结合，丰富和发展了勤劳的道德内涵，使热爱劳动、劳动光荣的革命道德与勤劳的传统美德融会贯通，通过积极宣传、广泛推动，极大

"平语"近人

> 劳动是人类的本质活动，劳动光荣、创造伟大是对人类文明进步规律的重要诠释。"民生在勤，勤则不匮。"中华民族是勤于劳动、善于创造的民族。正是因为劳动创造，我们拥有了历史的辉煌；也正是因为劳动创造，我们拥有了今天的成就。
>
> ——习近平：《在庆祝"五一"国际劳动节暨表彰全国劳动模范和先进工作者大会上的讲话》（2015年4月28日）

地消除了鄙视劳动和劳动人民的剥削阶级思想，端正了人们的劳动态度，激发了人们的劳动热情，形成了热爱劳动、尊重劳动者的浓厚社会氛围，强化了劳动人民的自豪感和自信心。

早在新民主主义革命时期，在中国共产党的领导下，通过深入的宣传教育，热爱劳动、劳动光荣、勤劳朴素、艰苦奋斗的道德观念已经深入人心，既推动了根据地的生产运动，加强了根据地建设，又把人民军队塑造成了一支既能战斗又能劳动的军队。无论是革命战争时期的"井冈山精神""延安精神""南泥湾精神"，还是社会主义建设时期的"大庆精神""北大荒精神""雷锋精神""两弹一星"精神、"红旗渠精神""抗震救灾精神"等，都蕴含了伟大而朴实的勤劳美德。新中国成

道德案例

南泥湾精神

抗日战争进入相持阶段后，以陕甘宁边区为主的革命根据地为战胜严重的经济困难，共产党领导人民军队和边区人们一道，以高昂的劳动热情和政治积极性，开展了声势浩大的大生产运动。王震所率八路军三五九旅赴南泥湾进行军垦屯田。南泥湾是一个野山沟，方圆百里，荒无人烟，杂草丛生，稀泥遍地，野兽成群。对面恶劣的环境、白手起家的生产条件，三五九旅指战员上至首长、下至伙夫，全部编入劳动小组，全员投入劳动生产。他们夜以继日地生产劳作，砍树割草，搭建茅屋，自制工具，开荒种地，饲养家畜，纺线织布，逐渐把荒凉的南泥湾变成了"到处是庄稼，遍地是牛羊"的陕北好江南。南泥湾精神的核心是在困境中奋起、在艰苦中发展，通过高昂的劳动热情和大规模生产劳动，自力更生，艰苦奋斗，勤劳苦干，战胜困难。

立以来，涌现出一批又一批的劳动模范，"两弹一星"功勋获得者邓稼先，"拼命也要拿下大油田"的铁人王进喜，新时期领导干部的楷模孔繁森，了不起的中国工人邓建军，农民致富的领头人史来贺，工人发明家孔利明，环卫工人侯凤改，"雷锋号"小鞋摊的坚守者孟广彬……他们身上有许多宝贵的道德品质，而勤劳是他们的共同亮点。正是依靠无数个这样的劳动者，新中国战胜了一个个艰难险阻，在一次次巨大的考验中凤凰涅槃般不断升腾。

2. 与人为善，常怀善念，广结善缘

善良指心地善良，充满爱心，温和包容，对人没有恶意。善良的人富有同情心，与人为善，待人宽厚，乐于助人。善良是一切道德的基础。中华民族是以善良著称的民族，善良是中国人的核心品质。"仁者爱人""己所不欲勿施于人""老吾老以及人之老，幼吾幼以及人之幼"，这些耳熟能详的话陶冶了一代又一代的中国人。中国传统文化中影响最为深远的是儒学，又称仁学，其最高准则和精髓就是仁爱、善良。中国传统文化对仁、爱、善良的高度推崇，塑造了中国人的善良品质，使善良成为中国人的强烈印记，成为中华民族的文化基础，构成了中华民族的道德基因。

善良的传统美德内涵丰富。它以善良为核心，把仁爱利他、宽厚包容、相互尊重、换位思考、谦和礼让、知恩图报、

> **"平语"**
> **近人**
>
> 与人为善，常怀善念，广结善缘。
>
> ——习近平：
> 《乐在人和》
> （2006 年 2 月24 日）

扶危济困作为基本要求。主张做人要心地善良，常怀善念，与人为善，善解人意，仁爱利他；在家孝敬老人，爱护孩子，睦邻友好；在外懂得换位思考，关爱他人，宽厚包容，谦和礼让，相互尊重，乐于助人，扶危济困，见义勇为，广结善缘；治国理政坚持"民本"思想，"施仁政""仁民爱物"，做到心中有百姓，能为百姓做事，否则，"当官不为民做主，不如回家种红薯"。善良的推广，不仅要推己及人，乐爱他人，而且要推己及物，"民胞物与""厚德载物"。

经典名句

泛爱众而亲仁。

——《论语·学而》

大学之道，在明明德，在亲民，在止于至善。

——《大学》

恻隐之心，仁之端也。

——《孟子·公孙丑上》

"平语"近人

德莫高于爱民，行莫贱于害民。

——习近平：《主仆关系不容颠倒》（2007年2月5日）

"群众利益无小事"。……我们是党的干部，是人民的公仆，一定要把群众的安危冷暖挂在心上，以"天下大事必作于细"的态度，真心诚意地为人民群众办实事、做好事、解难事。

——习近平：《心无百姓莫为"官"》（2004年1月5日）

善良的传统美德在新中国有了脱胎换骨的升华，中国共产党人以马克思主义为指导，站在全体人民大众的立场上，以对人民的强烈情感和高度的政治觉悟，把全心全意为人民服务作为一切工作的根本出发点和落脚点。全心全意为人民服务，成为中

"平语"
近人

县委书记的榜样

焦裕禄，"官"有多大？但他的形象是十分高大的。当干部，不求"官"有多大，但求无愧于民。

——习近平：《不求"官"有多大，但求无愧于民》（2003年6月18日）

国共产党的根本宗旨，成为社会主义道德的根本宗旨。如果说善良是道德大厦的基石，那么为人民服务就是道德大厦的塔尖。从善良的层次性来看，"对他人没有恶意"是善良的底线，全心全意为人民服务是善良的顶峰。为人民服务不仅要有"利他"之心，而且把自己作为人民的公仆，把为人民大众做事视为自己的分内之责，无怨无悔，尽心尽力。拥有善良美德与践行为人民服务是相辅相成的，一个善良的人才有可能做到为人民服务，把善良美德推向更高层次、更大范围。人民的勤务员雷锋，新中国卫生事业的先驱马海德，人民的好公仆焦裕禄，为党分忧、为民解难的吴天祥，一百多名贫困儿童的"爸爸"丛飞，勇于献身的优秀大学生张华，牺牲在抗击"非典"战场上的护士叶欣，这些英雄楷模的工作岗位不同，英雄事迹不同，为人民服务的方式不同，但是，善良是他们个人品德的底色。

有人觉得，为人民服务是领导干部的事，起码是共产党员的事，与自己这平头百姓无关。这是错误的认识。为人民服务是关乎人人的事，也是与人人有关的事，如果我们每个公民在道德理念上接受了为人民服务，在道德实践上践行为人民服务，我们这个社会将会更美好，人与人的关系将会更和谐，人的幸福感将会

道德案例

人民的好公仆、干部的好榜样焦裕禄

1962年冬天，焦裕禄来到内涝、风沙、盐碱"三害"肆虐的兰考担任县委书记，当时的兰考遭遇严重的灾荒，全县的粮食产量下降到历史的最低水平。焦裕禄带领全县人民战天斗地，奋力改变兰考的贫困面貌。他亲自率领干部、群众翻淤压沙、翻淤压碱、封闭沙丘，总结治理三害的具体策略，探索大规模栽种泡桐的办法。1964年5月，积劳成疾的焦裕禄因肝病不治不幸逝世，年仅42岁。人民群众爱戴焦裕禄，因为他始终与老百姓心相连、情相依，同呼吸、共命运，他视人民群众为衣食父母，诚心诚意当人民公仆。焦裕禄用自己的实际行动，铸就了亲民爱民、艰苦奋斗、科学求实、迎难而上、无私奉献的焦裕禄精神。

更强烈。全心全意为人民服务是高尚的人格品质，但是对每个人来说，不是遥不可及的事。是否做到为人民服务，与人的职位高低、金钱多少、阅历深浅没有什么关系，而是与内心的认可和外在的行动有关。只要认可为人民服务，有这份心，并且积极去实践，就会成为一个高尚的人，一个为人民服务的人。

（二）价值观缺失是现在社会问题的病根

核心价值观是一个民族赖以维系的精神纽带，是一个国家共同的思想道德基础。如果没有共同的核心价值观，一个民族、一个国家就会魂无定所、行无依归。为什么中华民族能够在几千年的历史长河中生生不息、薪火相传、顽强发展呢？很重要的一个原因就是中华民族有一脉相承的精神追求、精神特质、精神脉络。

改革开放以来，我国经济发展很快，人民生活水平提高也很快。同时，我国社会正处在思想大活跃、观念大碰撞、文化大交融的时代，出现了不少问题。其中比较突出的一个问题就是一些人价值观缺失，观念没有善恶，行为没有底线，什么违反党纪国法的事情都敢干，什么缺德的勾当都敢做，没有国家观念、集体观念、家庭观念，不讲对错，不问是非，不知美丑，不辨香臭，浑浑噩噩，穷奢极欲。现在社会上出现的种种问题病根都在这里。这方面的问题如果得不到有效解决，改革开放和社会主义现代化建设就难以顺利推进。

1. 新问题，新挑战

"勤劳的中国人"是一种世界公认。但是近年发生的一些事情，引起人们对勤劳民族风的再思考。当下，如果询问身边的孩子们长大后想从事什么职业，许多孩子表示长大了想当老板、当明星、当歌手、当体育健将、当领导干部、当科学家、当医生、当教师，而要当普通劳动者、当工人、当农民的则很少，因为孩子们认为这些人"很辛苦""挣钱少""不牛气"。家庭教育中，一些家长把"劳动"与大老粗、收入低、没出息画了等号，不让孩子做扫地、拖地、刷碗、抹桌子等简单的家务劳动，甚至代替孩子进行学校的值日劳动。孩子是国家的未来，而现在的孩子离劳动似乎越来越远了。这样的氛围怎么能培育出热爱劳动、勤劳肯干、吃苦耐劳的下一代？相关调查显示，美国孩子每日的劳动时间是72分钟，韩国是42分钟，法国是36分钟，英国是30分钟，而中国仅仅是12分钟。专家认为，培养劳动观念不必舍近求远。

家庭和学校是培养孩子劳动习惯和吃苦耐劳精神的最佳场所。世界上一些国家早就制定了青少年参加家务和公益劳动的法律和规章。比如德国法律规定 6 岁以上孩子必须做家务劳动。我国适时出台的《青少年劳动法》，使父母、学校、社会共同鼓励、督促孩子参加劳动，有利于孩子在"享受"劳动的过程中传承勤劳美德，拥有健全人格。

不仅是孩子，青年人及其家长在选择求学路径和专业方向时，对一线工人、体力劳动的歧视同样存在。随着我国经济的快速发展，许多行业亟须各种技术工人、一线劳动者。我国蓝领工作者的工资待遇现在已经与一般白领工作者相差无几，有些甚至超过了一般白领，但是人们依然对选择技术学校、从事一线生产劳动存在偏见。曾经，中国公民为可以成为一名工人而无比自豪，为能够用自己的双手为国家奉献而乐在其中。今天，尽管吃苦耐劳、勤奋肯干依然是大多数中国人推崇的美德，但是一夜暴富、不劳而获、虚华奢靡、鄙视一线劳动者的腐朽观念，已经成为与勤劳美德抗衡的暗流，影响了当代中国人的劳动价值观。事实上，一

道德案例

无人竞选的劳动委员

某小学曾举行一次竞选活动，竞选全校的 20 多个校级少先队干部职位。经过班级初选，最后有 70 多位选手参加学校竞选，孩子们热衷的都是大队委、学习委员、宣传委员，没有一人竞选"劳动委员"的职位。学校少先队大队辅导员无奈地说："劳动委员很少有人愿意干，这是历次校内竞选都存在的现象，但是无人竞选还是头一次。"

切通过自身的体力劳动和脑力劳动来创造社会财富、体现个人价值的行为都值得称颂，一切通过自己的努力改造客观世界和主观世界的实践都是光荣的。然而，劳动往往是艰辛的，对体力劳动的厌恶，缺少勤劳勤奋、不畏艰难的劳动观念，是勤劳美德淡化的表现。

与此同时，一些频发的事件，也使人们对国人身上的善良品德产生怀疑。2018 年 6 月，甘肃庆阳，一个患抑郁症的女孩子从一栋 25 层高的大楼的 8 层想往下跳。从下午 3 点她待在那里到下午 7 点半跳楼，其间 4 个半小时，除了当地公安、消防人员在紧急施救，一些冷酷的"围观者"说出了"怎么还不跳啊？""死不了的"等暴力语言，甚至有人喊"跳啊，快跳啊"。她跳下后，有围观者吹口哨，表示"跳得好"，有人满脸笑意，有人议论她是不是为当"网红"而在表演。

此外，深深刺痛人心的"小悦悦事件"、时常引发讨论的老人倒地"扶不扶"事件、运输货车出事故后货物被哄抢的事件、丧尽良心的假疫苗事件、恶意操作的医闹事件、网络公开炫耀的"虐猫虐狗"事件、各种见义不为的事件……它们不断刺痛人们善良的神经。面对这些见苦不悯、见恶不忿、见难不帮、见义不为、见死不救、冷漠自私、刻薄无礼、恶意起哄的现象和行为，人们痛苦地呐喊：我们这个自谓善良的民族怎么了？我们的善良品性怎么了？我们的道德良心怎么了？尽管这种事件是个别的，但是它们的频发，说明社会已经到了正视自身善良品德漏洞的时候了。

2. 国无德不兴

勤劳善良作为中国优秀的传统道德，被中国人视为"国民属性"的重要标签，而上述社会现象使人们对中国人的"勤劳""善良"发出种种质疑。为什么会出现这些问题？

其一，经济和社会的巨大发展变化使一些人难以适应。社会主义市场经济建设打破了以往人们身上常见的思想僵化、安于现状、竞争意识不强

"平语"近人

国无德不兴，人无德不立。如果一个民族、一个国家没有共同的核心价值观，莫衷一是，行无依归，那这个民族、这个国家就无法前进。这样的情形，在我国历史上，在当今世界上，都屡见不鲜。

——习近平：《青年要自觉践行社会主义核心价值观——在北京大学师生座谈会上的讲话》（2014年5月4日）

的思想状态，提升了人们的开拓创新、勇于竞争、积极进取精神。但是市场经济的竞争性、风险性，社会发展的不平衡性，多种经济成分和分配方式的共存，社会利益的多元化，急剧膨胀的物质财富，使一些人不能正确认识、及时适应巨大的社会变化，被利欲冲昏头脑，淡化了中华民族勤劳善良的传统美德，贪图享乐、鄙视劳动、崇尚浮华、缺少爱心、不知感恩、自私自利、鲜于助人等社会现象如影随形，屡屡浮现，一些人甚至为了一己私利不择手段，践踏国家利益、集体利益和他人利益。这些问题不解决，中华民族的伟大复兴就无法顺利实现。

其二，意识形态领域面临新挑战。改革开放的实践、经济全球化的态势、互联网和大众传媒的飞速发展，深刻改变了人们的

生活方式、思维方式、价值取向。特别是当下我国意识形态领域的各种交锋前所未有的激烈，敌对阵营借助各种渠道进行的恶意攻击、诽谤、渗透、腐蚀轮番上演，使资产阶级人生哲学的负面影响进一步扩大，价值观多元化现象日趋严重，拜金主义、享乐主义、极端个人主义弥散开来；一些社会成员的世界观、人生观、价值观发生扭曲，只讲利我不讲利他，只讲索取不讲奉献，只讲权利不讲义务；一些人缺乏爱心、充满恶意、尖酸刻薄、急功近利，把善良当成无能，把"人善被欺"作为冷漠无情的盾牌；一些人以"等、靠、要"的消极依赖思想取代艰苦奋斗、勤劳致富的正确思想。加强意识形态建设，有效抵御敌对势力和各种腐朽势力对我国意识形态的侵蚀和冲击，争取意识形态领域的话语权、主动权，是新时代道德建设必须面对的问题。

其三，政策、法律、法规配套没有跟上。法律是成文的道德，道德是内心的法律。新中国成立以来，尤其是改革开放以来，我国对公民道德建设中的政策和法律法规配套采取了一系列措施。

"平语"近人

法律是成文的道德，道德是内心的法律。法律和道德都具有规范社会行为、调节社会关系、维护社会秩序的作用，在国家治理中都有其地位和功能。法安天下，德润人心。法律有效实施有赖于道德支持，道德践行也离不开法律约束。法治和德治不可分离、不可偏废，国家治理需要法律和道德协同发力。

——习近平在十八届中共中央政治局第三十七次集体学习时的讲话（2016 年 12 月 9 日）

但是，彰显政策的价值导向，发挥政策和法治对道德建设的保障和促进作用，把道德导向贯穿法治建设全过程，是一个系统工程。就目前而言，与我国公民道德建设相吻合的政策、法律、法规配套还不够健全，使得勤劳善良等道德行为在特定情况下未能得到充分的政策支持和法律支撑。如"老人倒了扶与不扶"的问题，不仅考量了人的道德良心和善良本性，还需要法律法规的支持。固然，扶危助困、乐于助人是道德范畴，法律不能把善德笼统纳入其规范，但是法律、法规和政策可以做到不因人的善良而被冤枉、不因人的行善而受委屈，并且划出不能突破的道德底线。否

道德案例

"塑料紫菜"网络造谣事件

2017 年"塑料紫菜"的视频在网上广泛传播，视频中有人称几个福建晋江企业产的紫菜是塑料做的，并表示紫菜嚼不烂，劝诫网友"别吃了"，引发一轮"紫菜风波"。晋江法院查明：2017 年 4 月 25 日，被告人王某祥在食用被害单位晋江某食品有限公司生产的紫菜后，自我猜疑紫菜是塑料做的，在没有依据、未向相关部门反映、未经调查核实的情况下，录制"紫菜是塑料做的"视频并发布朋友圈。而后，王某详向被害公司索要人民币 10 万元，威胁称若公司不想解决，就把事情闹大。晋江法院另查明：经检测，涉案紫菜系合格产品。晋江法院认为：被告人王某祥以非法占有为目的，采取威胁手段，强行索要他人财物，数额巨大，其行为已构成敲诈勒索罪。结合其有自首情节、认罪悔罪态度好、全部退出所拿到的 5.3 万元赃款及预缴全部罚金等情节，以敲诈勒索罪判处被告人王某祥有期徒刑 1 年 10 个月，并处罚金人民币 3 万元。

则，超越底线的道德失范就会蒙蔽人心，消解正义。要及时把实践中广泛认同、较为成熟、操作性强的道德要求转化为法律规范，推动社会见义勇为、志愿服务、勤劳节俭、孝老爱亲等方面的立法工作，让善良得到伸张，清白得以彰显，既体现了法律的庄严，也是对人心的教化洗礼。坚持严格执法，加大关系群众切身利益重点领域的执法力度，以法治的力量维护道德、凝聚人心。坚持司法公正，发挥司法裁判定分止争、惩恶扬善功能，定期发布道德领域的典型司法案例，让人们从中感受到公平正义。推进全民守法普法，营造全社会讲法治、重道德的良好环境，引导人们增强法治意识、坚守道德底线。

其四，文化宣传中的某些误导。改革开放 40 多年来，我国文化体制改革成效卓著，文化产业取得长足发展，为人们提供了丰富的精神食粮。但是在市场经济的大潮中，也有一些媒体和文化工作者迷失了方向，以经济利益为唯一标杆，成为市场的奴隶。今天，世界已经进入自媒体时代，来自四面八方的"自媒体"传递着不同的声音，"主流媒体"的声音相对变弱，每个人都可以独立地获得各种资讯，自行作出判断。在这个庞大的文化产业链中，个别媒体、自媒体、传媒从业人员和文艺工作者，抛开了社会担当，仅以流量和利益为出发点，以明星轶事、庸俗见闻、奇论怪谈、封建迷信来夺人眼球；大肆传播低级趣味、骄奢淫逸、不劳而获、邪恶奸诈的腐朽思想；推崇精英生活、明星生活、贵族生活、皇家派头，怂恿人们比奢侈、比浮华、比超前消费；把劳动模范、人民英雄、共和国功臣、劳动群众边缘化、丑恶化、妖魔化。这种宣传是在传递负能量，张扬剥削阶级的腐朽价值观和人生观，践踏了爱国奉献、劳动光荣、勤劳致富、善良淳朴、宽容礼让等优秀道德。其中不乏一些别有用心的人卖国谋利、无中生有、造谣生事、鼓动乱象。舆论具有敦风化俗的重要作用，在新时代公民道德建设中，加强对各种媒体和自媒体的管理和监督，提升传媒从业人员、文艺工作者和自媒体参与者的道德修养、道德自律，使其自觉履行社会责任，把培育和弘扬社会主义核心价值观作为根本任务，坚持以人民为中心的创作导向，创作更多讴歌党、讴歌祖国、讴歌人民、讴歌英雄、讴歌劳动、讴歌奉献、讴歌善良、讴歌和谐的精品力作，传播真善美。坚持把社会效益放在首位，倡导讲品位、讲格调、讲责任，抵制低俗、庸俗、媚俗，用健康向上的作品温润心灵、启迪心智、弘扬正气、引领风尚、激浊扬清。

（三）新时代是奋斗者的时代

新时代是奋斗者的时代，更是追梦人的舞台。无数奋斗者用

"平语"近人

幸福都是奋斗出来的。今天，我还要说，奋斗本身就是一种幸福。……奋斗者是精神最为富足的人，也是最懂得幸福、最享受幸福的人。……新时代是奋斗者的时代。

——习近平：《在2018年春节团拜会上的讲话》（2018年2月14日）

我将无我，不负人民。

——习近平同意大利众议长菲科举行会见时的讲话（2019年3月22日）

> 要坚持艰苦奋斗，不贪图安逸，不畏惧困难，不怨天尤人，依靠勤劳和汗水开辟人生和事业前程。"看似寻常最奇崛，成如容易却艰辛"。……对想做爱做的事要敢试敢为，努力从无到有、从小到大，把理想变为现实。要敢于做先锋，而不做过客、当看客，让创新成为青春远航的动力，让创业成为青春搏击的能量，让青春年华在为国家、为人民的奉献中焕发出绚丽光彩。
>
> ——习近平：《在知识分子、劳动模范、青年代表座谈会上的讲话》（2016年4月26日）

实际行动证明，有梦想、有机会、有奋斗，一切美好的东西都能够创造出来。

1. 依靠勤劳和汗水开辟人生和事业前程

新时代是干出来的。新时代的总任务是实现社会主义现代化和中华民族伟大复兴，总目标是在全面建成小康社会的基础上，分两步走在21世纪中叶建成富强民主文明和谐美丽的社会主义现代化强国。实现新时代的总任务和总目标，是每一个公民的应有担当，需要全体公民"撸起袖子加油干"。

新时代的勤劳要求我们热爱劳动，勤奋劳动，尊重劳动者。劳动创造了人类，是物质财富和精神财富的源泉，热爱劳动、勤奋劳动是人类重要的道德准则，是中国革命道德和社会主义道德的重要规范。早在1949年9月，以"爱祖国、爱人民、爱劳动、爱科学、爱护公共财物"为内容的"五爱"，就被写进中国人民政治协商会议第一届全体会议通过的《中国人民政治协商会议共同纲领》。1982 年全国人民代表大会将"爱祖国、爱人民、爱劳动、爱科学、爱社会主义"写进《中华人民共和国宪法》。2004 年通过的宪法依然有此内容。包括"爱劳动"在内的"五爱"，贯穿了社会主义道德建设全过程。事实上，中国社会主义建设的每一点进步、每一项成就，无不是人民群众劳动成果的凝结。实现社会主义现代化和中华民族的伟大复兴，是由千百种行业、一个又一个的具体工作构成的有机整体，在这个伟大事业中，人们的劳动只有社会分工不同，没有高低贵贱之分，无论是体力劳动者还是脑力劳动者，每一项工作、每一个劳动者，只要他的劳动是服务于社会需要和人民利益的，就是高尚的、光荣的、值得尊重的。只要我们以"我奉献，我光荣"的历史责任感，"从我做起"，勤奋劳动，积极奉献，做一个新时代的建设者，我们就是用实际行动融入了中华民族伟大复兴的历史洪流中。

新时代的勤劳要求我们把勤劳与创新结合起来。创新是民族进步的灵魂，是一个国家兴旺发达的不竭动力。古往今来，勤劳与创新共同构成了人类社会向前发展的重要力量。新时代更是创新的时代，创新已经成为

"平语"近人

奋斗是艰辛的，艰难困苦、玉汝于成，没有艰辛就不是真正的奋斗，我们要勇于在艰苦奋斗中净化灵魂、磨砺意志、坚定信念。奋斗是长期的，前人栽树、后人乘凉，伟大事业需要几代人、十几代人、几十代人持续奋斗。

——习近平：《在 2018 年春节团拜会上的讲话》（2018 年 2 月 14 日）

世界主要国家发展战略的重心。目前，我国改革开放已经进入攻坚克难的关键时期，我们既要继承勤劳的传统内涵，吃苦耐劳、艰苦奋斗、勤于劳作、任劳任怨；又要把勤劳与改革创新紧密结合，推动大众创业、万众创新，释放新需求，创造新供给，拓展新的发展空间，推动新技术、新产业、新业态的蓬勃发展。在激烈的国际竞争中，以创新求进，以创新求强，以创新求胜。

新时代的勤劳要求我们学习劳动模范、尊重劳动模范、争当劳动模范。劳动模范是在社会主义建设事业中成绩卓著的劳动者，他们热爱本职工作，全心全意为人民服务，艰苦奋斗，勤奋工作，任劳任怨，无私奉献，成绩突出，从而被授予"劳动模范""先进工作者""五一劳动奖章""生产标兵""新长征突击手""三八红旗手""改革开放40周年杰出贡献表彰"等光荣称号。劳动模范是时代的领跑者，是时代奋发向上的榜样。他们是普通的，也是伟大的，是勤劳的典范、劳动者的骄傲、人们学习的楷模。大力宣传劳动模范及其先进事迹，形成向劳动模范学习、大力弘扬劳模精神和工匠精神的社会氛围，充分认识劳动价值和劳动的重要性，高度评价劳动群众的社会贡献，形成人人学习劳模、人人争当劳模的时代新风，树立劳动光荣、热爱劳动、勤奋劳动、诚实劳动、创造性劳动的理念，激发全社会的劳动热情，创造无愧于时代的劳动业绩。

新时代的勤劳不仅体现了传统内涵，还与新时代的亮色糅合一起，具有鲜明的时代特征。新时代的勤劳与人民群众是历史的创造者的理念相一致，具有坚实的认识基础和崇高的实践地位；新时代的勤劳建立在人民群众为自己谋取幸福生活、实现中国梦、建立社会主义现代化强国的目的之上，与每个劳动者的切实利益紧密联系，因此新时代的勤劳是劳动者的主动意愿，不是被动的；新时代的勤劳与幸福感统一起来，在新时代，"工作者是美丽的""劳动就是幸福""幸福都是奋斗出来的"，人们劳动着、辛苦着、收获着，并通过自己的创造和贡献获得满足感、幸福感。

2. 止于至善，是中华民族始终不变的人格追求

新时代的美好社会是建立在民族复兴、和谐美丽、人民幸福等指标上的。这样的美好社会，需要善良美德的凝合。脱离

"平语"
近人

> 止于至善，是中华民族始终不变的人格追求。
>
> ——习近平：《在纪念五四运动 100 周年大会上的讲话》（2019年 4 月 30 日）
>
> 必须加强全社会的思想道德建设，激发人们形成善良的道德意愿、道德情感，培育正确的道德判断和道德责任，提高道德实践能力尤其是自觉践行能力，引导人们向往和追求讲道德、尊道德、守道德的生活，形成向上的力量、向善的力量。只要中华民族一代接着一代追求美好崇高的道德境界，我们的民族就永远充满希望。
>
> ——习近平在山东考察时的讲话（2013 年 11 月 24 日—28 日）

了善良底色的社会，无法达到和谐、美丽、幸福。

新时代的善良要求我们居心善良，与人为善，关爱他人、温和有礼。幸福生活有多重指标，物质指标仅仅是一个方面，能让人产生幸福感的，往往是精神因素，一颗善良的心就是幸福的源泉，无数善良的心构成了美好社会的精神支架。善良是和谐人际关系的最好纽带，是摒弃狭隘、刻薄、恶意的强大屏障。有人抱怨现在的人际关系变得冷漠了、邻里关系不如以前亲密和睦了，剔除社会发展导致的生活方式变化，还要扪心自问，自己为邻里和社区做了什么？自己是否在人际交往中做到了与人为善、真心实意、温文儒雅？如果社会大多数人做到了人心向善、温和礼让，这个社会就更加和谐美好、幸福向上、

道德案例

担起乡村未来的 80 后教师张玉滚

张玉滚大学毕业后，放弃在城市的工作机会，回到家乡，从一名每月拿 30 元钱补助、年底再分 100 斤粮食的民办教师干起，一干就是 17 年。学校地处偏僻，路没修好时，他靠一根扁担，一挑就是 5 年，把学生的课本、文具挑进了大山。他是这里的全能教师，手执教鞭能上课，掂起勺子能做饭，握起剪刀能裁缝，打开药箱能治病。由于常年操劳，"80 后"的他鬓角斑白、脸上布满皱纹。而永远年轻的，是他充满爱的心。2018 年感动中国颁奖词这样说他："艰难斑驳了岁月，风霜刻深了皱纹；有人看到你的沧桑，更多人看到你年轻的心。"

互助互爱。

　　新时代的善良要求我们换位思考、宽厚平和，知恩感恩，热心公益，积极投入慈善事业。善良的人善于换位思考、宽厚包容，而不是刻薄自私、一味抱怨，只向他人索取、向社会索取。社会上时不时有高铁霸坐、公交耍赖、司机路怒、恶意医闹的事件见诸媒体，这些人忘记了善良是人性的根本，被刁钻刻薄、狂躁易怒、不计后果的情绪操控，害人害己。古人把"温良恭俭让"作为行为准则，这个准则看似高深，其实只要有一颗善良的心，一颗懂得宽容、懂得换位思考的心，自然不会让戾气、怒气、狭隘刻薄之气控制了自己。拥有善心的人富有同情心，知恩感恩，懂得回报他人和社会。现在，我国公益事业和慈善事业迅速发展，越来越多的人自觉投身于公益事业和慈善事业中，无怨无悔地为需要帮助的人付出劳动、救援、物资、金钱，甚至是热血和生命。他们爱心无疆，用自己的行动书写着善良的真谛。

　　新时代善良的最高境界是全心全意为人民服务。全心全意为人民服务是社会主义道德的宗旨，是善良在新时代的最高境界。"我将无我，不负人民"，始终把人民放在心中最高的位置，视自己为人民公仆，为人民大众谋幸福，就是为人民服务在新时代的现实表现。在为人民服务的道路上，无论职业分工如何、能力大小如何，只要我们坚守全心全意为人民服务的理念，真正做到与人民心心相印、与人民同甘共苦、与人民团结奋斗，夙夜在公，勤勉工作，一切为了人民，一切依靠人民，我们就是一个高尚的人，一个人生无愧的人。

坚守信念，绿染大亮山的杨善洲。"杨善洲，杨善洲，老牛拉车不回头，当官一场手空空，退休又钻山沟沟；二十多年绿荒山，拼了老命建林场，创造资产几个亿，分文不取乐悠悠……"这首流传于滇西保山市施甸县的民谣，不仅唱出了当地群众对云南省原保山地委书记杨善洲的敬重，还生动地向世人诠释了一名共产党人60年如一日对理想信念的坚守。杨善洲从1953年担任区委副书记起，先后担任过县委副书记、县委书记，1977年担任保山地委书记，直至1988年退休。他担任地委书记后，按政策可以为家人办理"农转非"，他坚决阻止了，他的妻子和大女儿一辈子都在农村。他担任地县领导干部30多年，可直到退休也没有能力为在农村的家盖一所像样的房子，他家的房子曾经是全村最差的。1988年3月杨善洲退休后，婉拒上级安排他到省城安享晚年的厚意，走进施甸县大亮山，与15名职工一道开始了起早贪黑植树造林的生活。他在四面透风漏雨的油毛毡棚一住就是9年，而农场的第一间砖瓦房他让给了新来的技术员。他是大亮山林场的主要创办人，却坚持不从林场领取报酬，每月只有70~100元的伙食补贴。22个寒暑过去，大亮山林场人工林面积达5.6万亩，经济价值超过3亿元。2009年，82岁的杨善洲把大

"平语"
近人

坚持执政为民，全心全意为人民服务，是人民公仆的天职。

——习近平：《把帮扶困难群众放到更突出的位置》（2003年7月8日）

　　奋斗不只是响亮的口号，而是要在做好每一件小事、完成每一项任务、履行每一项职责中见精神。奋斗的道路不会一帆风顺，往往荆棘丛生、充满坎坷。强者,总是从挫折中不断奋起、永不气馁。

——习近平：《在纪念五四运动 100 周年大会上的讲话 》（2019 年 4 月 30 日）

亮山林场的经营管理权无偿移交给国家……

　　善良是中华民族的传统美德，在新时代焕发出鲜活的生命活力。人们用"最美"来形容善良的人："最美司机"吴斌，"最美教师"张丽莉，"最美油条哥"刘洪安……每一个"最美"的后面都有一颗善心在跳动，都有一段善行在讲述。他们把善良贯穿于现实的人生实践，于细微处见博大、于普通处见非凡。善良就是人心组成的阳光，温暖了人间，驱逐了冷漠。用善良构筑我们的精神家园，"爱的奉献"就会在全社会荡漾开来。

（四）人间万事出艰辛

　　历尽天华成此景，人间万事出艰辛。实现中华民族伟大复兴，是一项光荣而艰巨的事业，需要每一个人付出艰苦努力，用实干托起中国梦。当年鲁迅先生写下"横眉冷对千夫指，俯首甘为孺

　　人间万事出艰辛。越是美好的未来，越需要我们付出艰辛努力。

——习近平：《在同全国劳动模范代表座谈时的讲话》（2013 年 4 月 28 日）

子牛"的诗句,体现了对空谈滋事的闲人掮客的鄙视憎恶,体现了对黔首苦干的广大劳动人民的敬重,也表达了自己立志为中华民族复兴、为中国劳苦大众勤思苦干的强烈愿望和伟大志向。

1. 成就大事业从小事做起

如果说对道德的认识、了解、接受是一个交响曲的前奏的话,坚守一生的道德实践才是交响曲的华丽乐章。脱离了实践的道德是空洞的、苍白的。一个人是不是勤劳,不是看他怎么说、怎么想,最终是看他怎么做。实践,才是检验勤劳的根本标准。新时代为人们践行勤劳美德提供了前所未有的良好环境。改革开放、经济和社会的巨大发展,为勤劳美德提供了现实的肥沃土壤,"幸福源自奋斗""成功在于奉献""平凡孕育伟大"的理念深入人心;新时代对劳动模范的高度推崇,对工匠精神的倡导,对勤劳美德的宣传,使每一个普通劳动者认识到了自身价值,提升了劳动光荣、热爱劳动的道德意识。"海阔凭鱼跃,天高任鸟飞",新时代是勤劳实干的时代。

《纲要》链接

要紧紧围绕全面深化改革开放、深入推进社会主义现代化建设,大力倡导解放思想、实事求是、与时俱进、求真务实的理念,倡导"幸福源自奋斗"、"成功在于奉献"、"平凡孕育伟大"的理念,弘扬改革开放精神、劳动精神、劳模精神、工匠精神、优秀企业家精神、科学家精神,使全体人民保持昂扬向上、奋发有为的精神状态。

"平语"近人

必须坚持崇尚劳动、造福劳动者。劳动是财富的源泉，也是幸福的源泉。人世间的美好梦想，只有通过诚实劳动才能实现；发展中的各种难题，只有通过诚实劳动才能破解；生命里的一切辉煌，只有通过诚实劳动才能铸就。劳动创造了中华民族，造就了中华民族的辉煌历史，也必将创造出中华民族的光明未来。"一勤天下无难事。"

——习近平：《在同全国劳动模范代表座谈时的讲话》（2013年4月28日）

回溯历史，中国从一个千疮百孔、一穷二白的"东亚病夫"，到拥有独立完整的工业体系、跻身世界第二大经济体的崭新国家，我们攻坚克难、屡建奇功，这走向成功的每一步，除了实干还是实干。实践表明，任何伟大的事业，都始于梦想，成于勤劳实干。80多年前，红军长征创造了震惊中外的历史奇迹。那种坚忍不拔、排除万难、艰苦奋斗、勇往直前的精神力量，同样是今天新长征的精神支柱。今日中国，随处可见默默奉献的建设者，车间里、工地上、实验室、农田中、浩渺海域、操作平台、各种作业现场、繁忙交通线上，劳动者挥汗如雨、辛勤劳作、攻坚克难，服务他人，造福社会。他们在用汗水诠释勤劳，以实绩标注担当。

"空谈误国，实干兴邦"，中国梦是靠我们每个公民踏踏实实、勤奋劳动干出来的。从自己做起、从现在做起、从每个具体的岗位做起，多一分实干、少一分清谈，中华民族就能汇聚起振兴的磅礴力量。"工作者是美丽的",一个人的幸福,需要勤劳实干来充实;一个国家的梦想,需要全体公民的共同构筑。成为这个时代的劳动者,是我们的荣耀,我们可以通过自己的勤劳实干、热忱奉献,成为这一伟大事业的贡献者和见证者,与历史同步伐、与时代共命运。展望未来,我们实现第一个百年奋斗目标已经胜利在望,中华民族不断积蓄的勤劳美德,在新时代将爆发出巨大的实干热潮。

新时代是一个热火朝天的实干时代。歼—15 舰载机研制

"平语"近人

"宝剑锋从磨砺出,梅花香自苦寒来。"人类的美好理想,都不可能唾手可得,都离不开筚路蓝缕、手胼足胝的艰苦奋斗。

——习近平:《在同各界优秀青年代表座谈时的讲话》(2013 年 5 月 4 日)

"平语"近人

梦想属于每一个人,广大劳动群众要敢想敢干、敢于追梦。说到底,实现中华民族伟大复兴的中国梦,要靠各行各业人们的辛勤劳动。现在,党和国家事业空间很大,只要有志气有闯劲,普通劳动者也可以在宽广舞台上展示自己的人生价值。许多劳动模范平凡而感人的事迹,都充分说明了这一点。我们要在全社会大力弘扬劳动精神,提倡通过诚实劳动来实现人生的梦想、改变自己的命运,反对一切不劳而获、投机取巧、贪图享乐的思想。

——习近平:《在知识分子、劳动模范、青年代表座谈会上的讲话》(2016 年 4 月 26 日)

现场总指挥罗阳一心报国，"用生命擎起了舰载机起飞"；"最美乡村教师"格桑德吉不惧艰险，被村民誉为门巴族的"护梦人"；"愚公支书"王光国执着坚韧，甘做群众的贴心人、"提鞋人"；黄大发带领群众挖渠30年，誓要解决当地百姓吃水难的问题……他们靠的是赤子之心、矢志不渝、不懈奋斗，赢得人们的钦佩敬重。"道虽迩，不行不至；事虽小，不为不成"，热爱劳动，勤劳实干，是美德，也是最质朴的方法论。大到民族振兴，小到脱贫致富，无一不以勤劳实干而得。天道酬勤，勤能补拙，天下没有谁比谁天生聪明，没有谁能无缘无故成功，很多伟人和伟大的事业都是从踏踏实实做小事、做身边的事开始的，成功的背后，必定有着超于常人的勤奋与拼搏。

劳动创造美好，劳动是福。但是幸福从来不会凭空降临，"劳动是福"是干出来的。人们常说，生活本就是劳动。无论是在单位还是家里，都需要勤劳付出，不断劳动，才能有所获得、有所发展。与其盲目羡慕别人如何富有、怎样成功，不如问问自己，我比别人更勤劳吗？我比别人更努力吗？做一个勤劳的人，身边的人会为你的存在而欣喜；做一个懒惰的人，你的存在就是别人的厌恶。今天，新时代的强音是"我勤劳，我付出，我幸福"，新时代颂扬的是劳动精神、劳模精神、工匠精神，无论我们做什么工作，都可以投身于时代的建设大潮，而不是成为碌碌无为的观望者、犹豫者。只有这样，才能无愧于时代、无愧于人民、无愧于自己。

道德案例

有一条渠叫"大发渠"

1935 年出生的黄大发，是贵州遵义播州区平正仡佬族乡团结村半坎组人，曾任仡佬族乡草王坝大队大队长、村长、村支部书记。缺水是当地长期存在的问题，从 20 世纪 60 年代起，他带领群众，历时 30 余年，不畏艰辛，靠锄头、钢钎、铁锤和双手，在绝壁上凿出一条长 9400 米，地跨 3 个村的"生命渠"，结束了草王坝的缺水历史。乡亲们亲切地把这条渠称为"大发渠"。2017 年他获得中宣部"时代楷模"荣誉称号，并当选 2017 年感动中国十大人物，颁奖词这样说："水过不去，拿命来铺，这是一个老党员为人民许下的誓言，大发渠，云中穿，大伙吃上了白米饭。三十六年，为梦想跋涉，僵直了手指，沧桑了面孔，但初心不变。"

2. 从善如登，从恶如崩

善良是一切美德的起点，也是一切美德的核心。社会需要善良，人们需要善良。多一份善良，人生就多一些光明，少一些黑暗；生活就多一些温暖，少一些冷漠；人性就多一些高尚，少一些卑劣。在我们国家，人民群众是社会的主人，人与人之间的关系是平等的，这种主人翁意识和平等关系奠定了人性向善的适宜环境。"衣食足，知荣辱"，改革开放以来，我国取得了巨大的经济成就和社会发展，为提升人的善良品德奠定了物质基础。但是这些只是张扬善良品德的外在条件，是否做一个善良的人，取决于每个公民的内心选择和人生实践。

日常生活中，大家笼统地把善良的人称为"好人"。人们喜爱善良的人，推崇善良的人，也希望自己成为善良的人，自己周边的人是善良的人。只要我们用心感受，就会看到善良就在身边，好人就在身边。湖北孝感炎热的暑天，幼时落水被环卫工人救下的 23 岁的姑娘王晴，心怀感恩，每天早上 5 点半用电动车驮着一箱矿泉水，在几条街道上走走停停，每找到一位环卫工人，就递上一瓶矿泉水，每天花 2 个多小时把一箱 24 瓶矿泉水送完，才安心地去上班；浙江大学城市学院的大二学生沈菊芬，路遇摔倒在雨坑里的 93 岁的老奶奶，不顾路人"当心被讹"的劝告，搀扶老人，并叫了网约车送老

"平语"
近人

当代中国青年要有所作为，就必须投身人民的伟大奋斗。同人民一起奋斗，青春才能亮丽；同人民一起前进，青春才能昂扬；同人民一起梦想，青春才能无悔。

——习近平：《致全国青联十二届全委会和全国学联二十六大的贺信》（2015 年 7 月 24 日）

天道酬勤。勤劳勇敢的中国老百姓，日子一定会越过越红火！我们伟大的祖国，前程一定会越来越远大！

——习近平：《在 2019 年春节团拜会上的讲话》（2019 年 2 月 3 日）

人回家；天津中建三局 21 岁的职工李旺，看到车祸便立刻开私家车把伤者送到急救中心，为伤者垫付 4 万元手术费，几经波折联系上伤者家属后默默离开；河南理工大学 19 岁的学生杨雨润，看到出租车撞倒了一对步行的老夫妇，上前义无反顾地照顾老人，把老人送医，办理住院手续，还垫付了自己刚刚拿到的 1000 元兼职工资……他们都是普通人，但是他们有一颗善良的心，在需要的时候用行动诠释了善良。好人常在，是我们对

世道不竭的坚信；做善良的好人，是我们一代又一代的内心呼唤。人生在世，都会遇到困难，大家乐做善事，陷于困境中的人就更容易战胜困难，行善的人也会得到心灵的满足。

善良是中华民族最深厚的道德印记。人们追求善良，不是出于从众心理，而是善良能带来美好的心灵满足，是幸福的源泉。"赠人玫瑰，手留余香"，善良犹如玫瑰的香气，在传递和交互中释放沁人心脾的芳香。善良的人拥有纯净、柔软的内心，善于发现他人的优点、社会的美好、大自然的魅力。我们希望自己能生活、工作于善良的人群中，希望与善者为伍，那么把这个期许变成行动吧，从自己做起、从现在做起、从小事做起，这是把善良推向全社会的根本路径。

道德案例

"平凡小草"王珏

温州有一个化名"兰小草"的人，从 2002 年起，连续 14 年，每年 11 月中下旬都会雷打不动地给《温州晚报》送来 2 万元钱，让"捐给那些急需帮助的孤儿寡母"。15 年了，慈善机构年复一年收到捐款，想知道这位好人是谁，多次联络，"兰小草"都没有现身。尽管"兰小草"的身份未能确定，他缺席了多次公益奖项颁奖，但他的爱心感动了无数市民。直到 2017 年 7 月，"兰小草"被检查出肝癌，去世之前，他的身份最终得以大白。他就是王珏，一个从 20 岁起就在交通闭塞、医生紧缺的温州大门岛当普通乡村医生的人。平时，他扶危济困，是村民们生命健康的守护者；每年 11 月，他为社会奉献一份特殊的爱心。王珏去世了，但是他播撒的善良如碧草之芬、幽兰之馨，芳香无尽。

古人云："求仁而得仁""止于至善"。至善非一蹴而就，而是积少成多，积小善为大善。只要不断追求善良，从自己做起，从现在做起，"勿以善小而不为"，我们就可以成为一个善良的人。善良可以见之于人生的方方面面：从身边的人做起，孝敬父母、爱护与教育孩子、夫妻和睦恩爱、乐于奉献、知恩感恩、邻里守望，是善良的表现；在学习和工作中尊重师长，"躬自厚而薄责于人"，以宽容厚道之心对待朋友和身边的人，和睦相处、宽容朴实、乐于助人，同样是善良的表现。除了对"熟人"的善，一生中更需要的是对"生人"的善，以"老吾老以及人之老，幼吾幼以及人之幼"的善良之心对待他人、尊重他人、帮助他人，见弱帮扶、见难施救、见义勇为，积极投身于公益事业和慈善事业，把做公益做慈善作为生活常态，保护自然、爱护动物，那么，我们就已经行走在至善的道路上。

拥有善良的品德，不是说某时某刻、某件事情做了善良的事，就可以打上"品德善良"的烙印。一个人做点好事并不难，难的是一辈子做好事，不做坏事。善良从我做起、从现在做起，说着容易做着难，因为这是一生一世的事业，是

> **"平语"近人**
>
> 面对美好岁月，要有饮水思源、懂得回报的感恩之心，感恩党和国家，感恩社会和人民。要在奋斗中摸爬滚打，体察世间冷暖、民众忧乐、现实矛盾，从中找到人生真谛、生命价值、事业方向。
>
> ——习近平：《在纪念五四运动100周年大会上的讲话》（2019年4月30日）

既快乐又艰辛的付出。那些让人感动的轰轰烈烈的善举，看似偶然的事件背后，都有求善行善的必然和坚守。我们要把善良品德的塑造，作为贯穿一生的实践，化为点点滴滴的积累。善良是一种品德，一种修养，也是一种力量。人人向善，善良就成为一种氛围，带动更多的善行善德。让我们共同营造善良的阳光，共同享受它的温暖和幸福。

五、宽厚正直

　　宽厚正直是个人品德中可贵的品质。宽厚正直，就是为人正派，行为端正，秉持公正，有一颗公平正义之心，敢于坚持真理、坚持实事求是，敢于说真话，有着鲜明的善恶是非观念；刚正不阿，不为权势和利益所诱，不为错误的压力和邪恶的势力所屈服，如松柏之傲然挺拔。

（一）新时代呼唤宽厚正直

　　《纲要》中明确提出："推动践行以爱国奉献、明礼遵规、勤劳善良、宽厚正直、自强自律为主要内容的个人品德，鼓励人们在日常生活中养成好品行。"我国自古以来，就提倡做人要宽

"平语"近人

　　天下兼相爱则治，交相恶则乱。

　　——习近平：《在第二届世界互联网大会开幕式上的讲话》（2015 年 12 月 16 日）

　　理国要道，在于公平正直。

　　——习近平在中央政法工作会议上的讲话（2014 年 1 月 7 日）

厚正直。做人要宽厚正直，这也是我们中华民族的优良传统。

1. 宽厚正直的含义

什么是宽厚呢？

宽厚，《现代汉语词典》上解释为：待人宽容厚道。宽厚，是指器量宏大，在处理人际关系、待人接物方面宽空厚道，不刻薄，能容人。宽，即阔大，跟窄相反。《说文》中说，"厚，山陵之厚也"。平时人们所说的厚道，讲的就是中国人性格里如山一样的厚实。《易经》中有句名言："君子以厚德载物。"这实际就是讲宽厚之人，能驾驭自我，驰骋四海；宽厚之人，能海纳百川，以德服人。人们都愿意与宽厚之人交往，因为他们能让人放心，让人感到信任。俗话说，宰相肚里能撑船。当然，不是人人都能当宰相，但人人都应培养这种胸怀和气量。人们应当像养育万物的大地一样，具有宽厚的心怀。唯有宽厚的心怀才可以兼容万事万物，同各种各样的人友好相处，赢得众人之心，增进人际关系的和谐。

什么是正直呢？

正直，《现代汉语词典》中解释为：公正坦率。例如，

经典名句

君子以厚德载物。

——《易经》

君子坦荡荡，小人长戚戚。

——《论语·述而》

躬自厚而薄责于人，则远怨矣。

——《论语·卫灵公》

修身洁白而行公行正，居官无私，人臣之公义也。

——《韩非子》

世上没有比正直更丰富的遗产。

——莎士比亚

某人襟怀坦白，为人正直。

所谓正，就是正确、公正、正气，就是不偏不邪、不虚假、不轻狂，就是光明磊落。只看汉语"正"上下左右笔画的工整写法，就表达了我们祖先对正的理解和判断意识。

所谓直，就是豁达、坦率、真实，就是直来直去，不弯不绕，不随波逐流。正直在汉语里是重叠词，表达同一个意思，但从人品的生成和实践来看，二者是有逻辑联系的。只有"正"才能"直"；只有"直"才不怕邪。没有正确、公正的直，只能叫作直杠子、傻大炮。

正直，就是心胸坦荡，坚持原则，不屈服于压力，从政不奉奸，交往不媚俗，事事出以公心和坦诚。正直就是按真理、正义行事，有啥说啥、毫无隐瞒。正直以忠诚为基础，既是人与人之间关系的规范，也是对理想、信念、事业的一种心态。

宽厚与正直二者是相统一且辩证地组成了优良的个人品德。宽厚之人必须是正直之人，他们有一套明确而牢固的价值观，在小事大事面前都能作出合乎情理的判断。什么是可以容忍的，什么是不能容忍的，心中有一条界线，心头有一把尺，一旦越过了这条界线，他们就马上警觉起来，采取行动维护自己的是非观。

正直之人必须是宽厚之人，正直的人都应有一颗宽广善良的胸怀。他们应根据自己正确的价值观、人生观，而不是从个人的私利出发，去观察判断一切，用一颗宽容的心去容纳人世间的一切人和事，用宽大的胸怀去包容他人。

宽厚正直，是人类的一种优秀品德，也是人类社会对个体性格的一种理想追求。宽厚正直，同公正、善良、勇敢、诚实等高尚品德一样，一直受到人们的赞赏和褒扬。

宽厚正直的品格，是为人处世的思想核心，也是当代社会思想道德建设的重要内容。人生在世，宽厚正直为本。古往今来，有谁不赞美"宽厚正直的品格"这种令人崇敬的品质呢？又有谁不愿意和宽厚正直的人打交道、交朋友呢？一个人只有树立了宽厚正直的品格，在人际交往中才能站得正、走得直，才能赢得他人的尊重和信赖，才能使他人感受到一种积极的、向上的力量，像一块"磁铁"一样产生吸引他人的凝聚力。

宽厚正直，是人们的平常心，也是人们做人的骨气和底气。

2. 宽厚正直是中华民族的本色

宽厚正直这一个人品德，体现了中华民族的优秀传统文化和优秀道德品格。宽厚正直，是一种认真的人生态度，是为人处世的重要准则，也是做人的一种积极行为。宽厚正直这一道德品质，正是我们中华民族的本色特征。

做人要宽厚正直。在中华民族几千年的文明历史进程中，我们的先哲们十分重视培养人们的宽厚正直的个人品德，积累了许许多多这方面的至理名言。早在我国原始社会末期的虞舜时代，就有了专门进行品德教育的儒学官司徒，主持"五教"的道德教育。《尚书·洪范》篇中讲到，"无偏无党，王道荡荡。无党无偏，王道平平"。意思是说，不结私党，不偏私，王道宽广平坦。到了春秋战国时期，儒家学派的代表人物孔子、孟子更是极力主张人们要做到宽厚正直，孔子曾提出："君子坦荡荡，小人常戚戚。"荀子有一段论述更是精彩，他说："君子能则宽容易直以开道人，不能则恭敬缚绌以畏事人；小人能则倨傲僻违以骄溢人，不能则妒嫉怨诽以倾覆人。"意思是说，君子宽容平易正直，恭敬节制收敛，小人则以傲慢乖邪轻侮别人，埋怨诽谤、颠覆搞垮别人。

古往今来，宽厚正直是立身之本和做人之要，是从草野到庙堂、从童蒙到翁媪都应该谨守的道德价值观。宽厚正直，是不分年龄、不论古今，为官做人都应崇尚的美德。

古代，我国有很多宽厚正直的典型人物。唐朝的魏征，以正直谏言而被君王称为自己的一面镜子。宋代的包拯，廉洁公正、立朝刚毅，不附权贵、铁面无私，刚正不阿、秉公执法，故有"包青天"之美誉。明朝海瑞屡平冤假错案，打击贪官污吏，深得民心，并遂有"海青天"之称。

我们党从成立之日起，就提出革命者要做宽厚正直的人，无论是在民主革命战争年代，还是在社会主义革命和建设时期，都涌现出了无数的宽厚正直的模范人物。如不畏名利、顶着危险敢上万言书的开国元勋彭德怀，顶住压力、敢于客观评价伟人毛泽东的黄克诚等老一辈无产阶级革命家，他们那种时时处处以大局为重，襟怀坦荡、刚正不阿，从不计较个人恩恩怨怨的博大胸怀和严于律己、宽以待人的高风亮节，永远是人们学习的榜样。科学家李四光以宽厚正直的胸怀，不服原有定论提出与众不同的地质理论，硬是在北纬四十度以上找到大庆油田，为新中国社会主义建设立下了赫赫功勋。

因此，做一个宽厚正直的人，不仅是个人发展的需要，更是社会进步的呼唤。具有宽厚正直品德的人，无论从美丽外现的形象上，还是从气质构建的心智上，都体现了人们在生存巅峰的成功。宽厚正直是中华民族的本色，这也就决定了中华民族矗立于世界民族之林，生生不息，绵绵流长的道德底蕴和根基。

3. 新时代宽厚正直面临的挑战

（1）当下人们的宽厚正直品德出现了什么问题。在茫茫宇宙间，每个人的生命只有一次，但最重要的是你要活出你自己的特色和滋味来，这样你的人生才有意义，而衡量的标准不是你有多少财富，而是你的人格的独特领悟和坚守，从而闪放出你个性的光华。

宽厚正直，自古以来就是对每个人的根本道德要求。无论在人际交往中，还是在日常的工作、生活中，时刻都在考验人们是否有宽厚正直的良好道德情操。宽厚正直，可以说是人的一生中最重要的人格体现，关乎一个人人生价值的实现。宽厚正直的人，人们会仰望他；反之，人们则唾弃他。

当下，由于各种原因，在一些人身上宽厚正直的"品德缺失"，也有人说是宽厚正直的"品德迷失"，不管说法如何，问题的存在是客观的。比如：

栽花剔刺型。有的人信奉"多栽花、少栽刺"的庸俗哲学，怕惹麻烦，搞无原则的一团和气，对错误言行不抵制、不批评，任何得罪人的事情都不干。不敢担当、不愿担当、不会担当。

小肚鸡肠型。有的人对他人的缺点、错误，不能容忍，抓"小"放"大"，相互攻击、制造分裂，同事之间钩心斗角、不讲团结；有的人因为不欣赏对方或者与对方有过节而不予合作，甚至暗中给对方使坏，为了自己个人蝇头小利而斤斤计较、互相拆台。

宽己律人型。有的人用有色眼镜看人，亲疏有别、宽严失度。只想叫别人宽厚正直，而自己压根不想践行之，真正在乎的是他人如何宽厚、如何正直，而自己则心胸狭窄，两面三刀，心中的"小算盘"算计的都是自己的一己私利。

八面玲珑型。有的人丧失人格，四面讨好、八面玲珑，特别是在大是大非面前，不是旗帜鲜明，一是一，二是二，而是认识模糊、态度暧昧、消极避世；有的人在与人相处时，口是心非、表里不一，当面一套、背后一套，人前一套、人后一套，左右逢源，当两面人。

随波逐流型。有的人在日常的工作和生活中，竭尽全力使自己和他人保持一致，唯恐有与众不同之处。害怕表明自己的观点，放弃自己的见解和信念，努力寻求他人的认可，始终表现出一种随大流的状态。

怨天尤人型。有的人自己没有宽厚正直的品德，在与人相处时，老是认为他人与自己作对，自己的不成功责任不在自己身上找原因，而是满腹牢骚，埋怨他人对自己不尊重等。

冷嘲热讽型。有的人不是本着互相勉励、互相促进，以求共同进步的精神，而是抱着"事不关己，高高挂起"的态度，对同事的优缺点不闻不问，甚至冷眼相待、冷嘲热讽。赞扬或批评他人，不是出自真诚之心，而是随口捏造、信口雌黄，黑的说成红的，虚伪至极。

一个人如果缺乏宽厚正直的优良品德，那么敢断定他对于别人也是不会有多少价值的，他也不可能有高质量的社会交往。他和别人在一起，对于别人只是一种打扰、一种侵犯。一切交往的质量都取决于交往者本身的素养。唯有在两个灵魂充实丰富的人之间，才可能有真正动人的友谊。

一个人如果缺乏宽厚正直的优良品德，其结果只能是灵魂日益萎缩和空虚，只剩下了一个忙碌不止的躯体。对于一个人来说，没有比这更可悲的事情了。每个人都应保持着纯正的追求，千万不要走上这条可悲的路。

（2）为什么会出现这些问题。人们的个人品德是在人们相互间经济的、政治的、思想的、文化的、道德的关系中通过家庭、学校、社会等各方面的综合影响而形成的，在与个体生理、心理特点相结合等众多因素的影响及其交互作用下，在主体的实践活动过程中形成的。宽厚正直的个人品德也不例外。当前，宽厚正直的个人品德出现上述各种各样的问题，是有着深刻的社会、历史、家庭以及个人的原因的。

其一，对传统文化的曲解。在传统文化中，有的是曲解了传统文化的内涵，产生了对树立宽厚正直个人品德的不利因素。比如，对中庸之道的理解，中庸之道本意是强调修养是自我教育、自我完善的过程，最终目的是成为至善、至仁、至诚、至道、至圣的理想人物，达到"天地位焉，万物位焉"的理想状态。但后来人们将中庸理解为，所谓中立、平庸、折中主义，这样就出现在日常生活中的"多栽花，少栽刺""遇人说话留三分"，与宽厚正直优秀品德相对立的现象和状态。

其二，社会环境中消极因素的影响。这里所说的环境，指的是社会制度和社会环境，包括社会生活条件、生产方式、政治制度和人们所处的境况。

今天，个人品德形成和发展的环境发生了很大变化。市场经济环境下，人们利益关系的重新调整，人们的自我能力与可以获得的物质利益所建立的相关性更加紧密，从而最大限度地调动了人们的积极性和主动性。为了实现自我价值，个体之间的竞争成为必然的趋势。这种竞争环境反过来又影响人们思想观念和价值的选择，影响个人品德的形成和发展。

市场经济是以利益为中心的，它不知疲倦地刺激人们追求利益。而当利益原则无限制地渗透到人的思想领域，就会造成道德失范。有的人为了金钱，个人利益至上。物质生活越来越丰富，人们的心理状态也在发生变化。如果不加以正确引导，就可能会出现一种现象，个人主义崛起，集体主义式微。有的人越来越自我，什么宽厚、什么正直，完全置于脑后。

其三，网络虚拟环境的冲击。由于互联网的发展，出现了信息量大、传递快捷方便，"见首不见尾"的计算机网络虚拟环境。相对于自然物理环境和一般社会环境而言，虚拟环境具有模拟性、交互性、形象性等特征，会发生在虚拟空间内完成在物理空间无法实现的状况，因而对人们具有很强的吸引力。加之品种繁多、不断更新的大量报刊书籍，以及覆盖面广、舆论性强，生动形象、综合性强的广播、电视、电影、录像等，所有这些大众传媒主要是通过向人们提供直接的信息而发挥其环境的作用。由于其具有直观感性的特征，往往比其他环境因素更容易影响人们的思想和行为。虚拟环境中的一些负面的景象、信息，直接冲击着个人优秀品德的形成和彰显。

现在各种社交网络都在鼓励人们去展示自我，让别人看到"完美"或是让人羡慕的自己，太过自我就会带来一些问题：个人之间竞争越来越激烈，而人际间的温情会越来越少，包容性越差；由于自我，对待身边的人和事，只从自己个人利益出发，久而久之，遇到问题时就会缺乏正确判断力和自我调节能力，或者选择逃避和焦虑。

其四，家庭教育不到位。家庭本应是培育孩子树立宽厚正直品德的良好港湾，但实际生活中，有的家庭成员的思想意识和行为不正，必然影响到孩子宽厚正直的个人品德的形成和发展。有的家庭不重视对孩子的个人品德的教育，任其自流；有的家长自身作用发挥不好，示范效应差；有的家庭家风不正，如此等等，都是造成当今在宽厚正直品质缺失的一个很重要的原因。比如，现代家庭在培养教育孩子时，常常强调孩子要建立自尊心，鼓励孩子与众不同，这有积极的一面，但也会导致很多孩子成人后，仍保持幼儿般的自我意识，并认为自己在社会上处于唯我独尊的重要地位，岂谈具有宽厚之心、正直之心。

其五，个人修养的欠缺。每个人都应保持着对宽厚正直的追求，但市场经济以及外来的思想的影响，加之生存斗争的压力和物质利益的诱惑，人们的眼光和精力都投向如何适应世俗，不再关注自己的内心世界，有的人失去信心，自卑心理严重；有的人自私心太重。真正具有宽厚正直品质的人，他们是大公无私的，平时不需要"添油加醋"来彰显自我价值。反倒是那些不具有宽厚品质的人，因为他们内心并没有那么笃定的价值，因而很多时候都需要修饰来证明，并到处夸赞自己的品质如何如何。有些人将自己的品质不好，没有宽厚正直的胸怀，归咎于外界的环境不好，否认自己存在的问题。有些人没有宽厚正直的品质，其实是他们对自己不懂得什么叫自爱，真正爱自己的人，他一定是宽厚正直的人。当然这些没有自爱之心的人，也不会爱他人。人们想一想，那种心胸狭窄的人，他又如何会去爱他人呢？又怎么会有宽厚正直的优秀品德呢？

此外，西方敌对势力对我国思想文化渗透一刻也没有停止，意识形态领域渗透和反渗透的斗争十分激烈。这必然对人们的思想观念产生重大影响，对人们道德品质的形成产生影响。

4. 宽厚正直是新时代需要的个人品德

（1）宽厚正直是新时代的精神风范。做人要做宽厚正直之人，至今仍具有时代意义和不朽价值，是当今每个人用之不竭的道德营养源泉，也是我们应该继承和大力发扬的。

新时代需要新的社会风尚。宽厚正直，本质上是一种力行道义、心胸宽广、情操美好的人格特质。有了这种道德人格，自然能够感人、服众，扶持社会正气，促进群体和谐。宽厚正直，就是要倡导人们在处理群己关系时，要"和以处众，宽以接下，恕以待人"，要"公正无私"。珍惜内在的精神财富，甚于外在的物质财富。宽厚正直，可以增强人们的自信。不轻易动摇的信心是每个人所向往的，如果你想一直都有信心，那你一定要具有宽厚正直的品德。

"平语" 近人

智者求同，愚者求异。

——习近平：《中欧友谊和合作：让生活越来越好》（2014 年 3 月 29 日）

形成向上的力量，向善的力量，让十三亿人的每一分子都成为传播中华美德、中华文化的主体。

——习近平在十八届中央政治局第十二次集体学习时的讲话（2013 年 12 月 30 日）

宽厚正直的品德是做人的"压舱石"。宽厚正直，对每个人来说，不是可有可无，而是在新时代必须具备的素质和品格。

（2）宽厚正直是建设法治社会的道德保障。习近平总书记在党的十九大报告中指出："全面依法治国是中国特色社会主义的本质要求和重要保障。"建设法治国家、法治政府、法治社会，就要坚持"依法治国和以德治国相结合"，就要不断提高"全民族的法治素养和道德素养"。国家和社会的治理需要法律和道德共同发挥作用，法治和德治是国家治理体系中一个问题的两个方面。通常，人们讲德治，即以德治国，实际就是用伦理道德来治理国家、调整社会关系，提高公民的道德素质，崇法向善，形成良好的社会风尚。"依法治国和以德治国相结合"的方略，也就是重新确定了道德建设在社会主义现代化进程中的重要地位和价值，充分说明了当今社会，德治对于个人、社会、国家的不可或缺性。以道德滋养法治精神，强化道德对法治文化的支

经典名句

中国古代哲人说，一个人的人格应该"至大至刚"，这是很对的。一方面要宽大，另一方面却要坚定。一方面要具有远大的眼光和抱负，要宽宏大量，善于容纳人；另一方面却必须有坚强的气魄，为着一定的真理，而具有"富贵不能淫，贫贱不了结移，威武不能屈"的大丈夫态度。

——张闻天

撑作用。发挥道德的教化作用，大力弘扬社会主义核心价值观，弘扬中华传统美德，推进社会公德、职业道德、家庭美德、个人品德建设，从而增强法治的道德底蕴，强化规则意识，弘扬公序良俗，更好地促进全社会的法治建设。

宽厚正直是个人品德的重要组成部分，宽厚正直这一个人品德内涵特质，正是从道德约束的角度去规范公民的行为、调节人际关系、维护社会秩序。它可以从教化性、劝导性、自律性等方面去规范社会成员的心灵，去保障法律在全社会的有效实施。如果全社会绝大多数人，都具有宽厚正直的品德信念和修养，并持之以恒地坚持这一品德要求，那整个社会的文明程度则会大大提高，从而促进全体公民自觉树立宪法至上、法律

面前人人平等的法治理念，自觉地尊法学法守法用法，形成良好法治环境。

宽厚正直这一个人品德也会对文明执法、司法公正提供支撑。宽厚正直的理念和要求，在法律运行过程中的每一个环节都有不同程度和不同方式的体现。而在整个法律运行过程中，立法的道德观、正义价值则尤为重要。立法者的愿望与目的的实现，经常会受到社会道德中传统观念或新观念的影响，有时在很大程度上取决于立法者的道德、正义价值取向。宽厚正直这一个人品德，对法律实施的支撑作用，是通过将宽厚正直的道德理念和要求内化于执法者的思想和行为上的道德自律，以及公民的义务守法而实现的。立法者和司法者都具有宽厚正直的个人品德，那也会促进政府和司法机关更加严格规范、公正文明执法司法，从而促进全社会的公平正义，因而可以说宽厚正直对建设法治社会提供了坚实的道德保障。

2012 年 11 月 29 日，习近平总书记参观"复兴之路"展览时深刻指出，实现中华民族伟大复兴，就是中华民族近代以来最伟大的梦想。实现伟大复兴，建设富强民主文明和谐美丽的社会主义现代化强国，是经济、政治、文化、社会、生态全面复兴的盛世中国。在这一过程中，对每个国人的素质都是一个考验、一个检验。在民族复兴大视野的烛照下，一些表现个人情绪、心胸狭窄的、自私自利的个人主义者也会在光天化日下显露出来，他们背离民族复兴中优秀文化传统的要义，当然必然被人民所唾弃。

立足全新历史当口，我们比历史上任何时候都更接近中华民族伟大复兴的梦想。梦想的实现，不是天下掉下来的，更不是别人施舍恩赐的，而是我们用勤劳、智慧、勇气干出来的。唯有脚踏实地、真抓作为、敢于拼搏，梦想才会成真。而在中国梦实现的征途上，一定要求全体中华儿女对实现中国梦的高度认同和无比自信，而这种高度认同和无比自信的气概来自哪里？这就需要每个人具有优秀的个人品德，都能做到宽厚正直。想一想，如果人们整天不是想着干事创业，不是大度宽容，不是公正无私，这伟大的事业何时能够实现？这伟大的梦想何时能圆？所以说，宽厚正直是中国梦在道德层面上的重要表现。实现中华民族伟大复兴的中国梦，需要每个人的宽厚正直。

当中国梦在我国大地实现之时，中华民族精神的大厦也应该巍然耸立。新时代赋予新使命，我们每位中华儿女都应为民族精神大厦的构建添砖加瓦，做一位宽厚正直之人。

（3）宽厚正直是社会稳定和社会和谐的内在支持。每个人在丰衣足食之后，会更多地去关心未来生活图景，更多地去关心精神生活的提升。

一个社会不稳定、不和谐，那这个社会就不成体统，人们的幸福指数就不高。要保证社会稳定和谐，就需要民众个个自觉，人人守规，而要做到这些，就需要每个人都能宽厚正直，这样才能建立起一个稳定和谐的社会环境。所以，宽厚正直是社会稳定和社会和谐的内在支持。

当前，互联网、自媒体、融媒体无处不在，前所未有地影响着生活工作的每一个角落。特别是5G时代的到来，传播速度的空前变革，对人们的思想、社会的稳定，都会带来巨大的影响和冲击。有些人借助互联网、博客、微博、微信等传播载体，以"搏出位"赚取利益的行为，宣扬违背正常人应具有的宽厚正直人格之思想，污染人们的灵魂、毒害人们的思想。而要保持社会的稳定和谐，就要求人们都要有宽厚正直的心灵，去支持全社会的稳定，只有全社会绝大多数人都能做到宽厚正直，这个社会才会稳定、这个社会才会变得和谐。

（二）新时代宽厚正直的体现和特征

宽厚是一种非凡的气度、宽广的胸怀，是对人对事的务实、包容和接纳。宽厚是一种高贵的品质、崇高的境界，是精神的成熟、心灵的丰盈。宽厚是一种仁爱的光芒、无上的福分，是对别人的释怀，也是对自己的善待。宽厚是一种生存的智慧、生活的艺术，是看透了社会人生以后所获得的那份从容、自信和超然。

1. 新时代宽厚正直的体现

新时代人们对宽厚正直的个人品德的要求，也会随着时代的变化而发展，需要建立符合今天这个时代的新的标准、新的观念、新的要求。在新时代真正做到宽厚正直，对于每个人来说不是件轻而易举的事。如果将这个标尺定得低了，那就会跟不上时代的步伐，落伍于这个时代。我们生活在今天这个时代，应该提高宽厚正直的标尺，做一个符合新时代新要求的宽厚正直高境界之人。

（1）新时代的宽厚。新时代的宽厚，要胸怀博大。人是需要有点胸怀的。豁达的胸怀是容川纳海、融情化冰、增进人们之间的理解和友谊的必要条件，而那种心胸狭窄、斤斤计较、情感用事的人，只能导致伤害他人。每位公民都需要有一个博大的胸怀，能够用宽大胸怀包容别人。因此，每个人都应学会做到换位思考，去宽容他人。当然宽厚不是无的放矢，容忍他人肆意违反原则。宽厚也不是一味地做"老好人"，宁愿自己的权益被屡屡侵犯，也不提出抗议。

新时代的宽厚，要学会善良。宽厚之人必定是善良之人。宽厚是一种人性至上的美德。宽厚就要以善良的态度对待他人，为他人着想，乐于助人。一个宽容大度的人，内心是充满爱的，要是一个人只考虑自己，不考虑他人，那他就称不上是一位宽厚之人。能称得上宽厚之人的，必是有满满的爱心，处处能为他人着想。 为他人着想，就是希望他人的生活过得幸福美满；为他人着想，就是希望他人的生活少点困顿苦难；为他人着想，就是希望他人的事业成功辉煌。

新时代的宽厚，要坚守严谨。宽厚之人是严谨之人。孔子曰："君子泰而不骄，骄而不泰。"所谓"泰"，就是稳如泰山，就是处事严谨。宽厚之人，他们有一种建立在明辨是非基础上的包容和宽心，他们的处事方式会很严谨，言行也很谨慎，凡事能落到实处，对每一个细节、每一个不起眼的地方都能够有敏锐的洞察力，并且将细小问题解决好。这样的人能够让他人信任、能够让他人放心。当我们生活中遇到这样的人时，应该多加交往，并师从其心。

（2）新时代的正直。新时代的正直和新时代的宽厚一样，其本质上与爱国家、爱人民、爱社会主义是一致的，与社会主义核心价值观对人们的要求在方向上也是一致的。新时代的正直实质也是社会主义公平、正义、公民责任等道德意识主导下的道德判断和道德行为。

其一，要坚持原则。在重大问题上要立场坚定、旗帜鲜明，勇于伸张正义、主持公道。现代政治生活纷繁复杂，在多种价值选择面前何去何从，这就要求每个人必须具备大是大非观念，始终坚信中国共产党是最广大人民根本利益的忠实代表，时刻保持清醒头脑，不为不正当利益所驱使，勇敢地同有损国家、民族利益的言行作斗争。"正直"，是一种诚实、真实、踏实的生活态度。具有正直品德的人对人对事不虚伪、不狡诈，又肯给人以诚信。对领导不曲意逢迎，对同事不搬弄是非。这种品质有助于树立正派的形象，给人以可信赖感。

其二，要有科学精神，坚持真理不动摇。所谓科学精神，就是按辩证唯物主义的观点接人待物，不人云亦云，不固守成规，遵守事物存在的发展规律，只有这样才能把真理掌握在自己手里。正直，就要有一种热爱真理的精神。正直是一种自我认识、自我评价的客观态度。正直的人，总是善于恰如其分地选择表达自身的外化形态，他们绝不会试图借助他人的影子来炫耀自己、美化自己。因此，具备了科学和真理的正直才是真正意义的正直，才是一种高尚的品德。

其三，要敢于担当。正直就要有担当意识。要有一种为天地立心、为生民立命、为往圣继绝学、为万世开太平的胆略和气魄。就是要有一颗爱国爱民的真心和率真的性格。勇于为他人服务，勇于奉献社会。习近平总书记说："担当就是责任，好干部必须有责任重于泰山的意识，坚持党的原则第一、党的事业第一、人民利益第一，敢于旗帜鲜明，敢于较真碰硬，对工作任劳任怨、尽心竭力、善始善终、善作善成。'疾风识劲草，烈火见真金'。为了党和人民事业，我们的干部要敢想、敢做、敢当，做我们时代的劲草、真金。"宽厚正直的品德，犹如突破阴云的阳光，犹如黑暗中的一线光亮。它能帮助人们走出阴暗，能使人们在顺境中更加光彩。拥有宽厚正直品德的人，就会有灿烂的心情；拥有宽厚正直品德的人，就能临危不惧，坦然地面对一切困难。

2. 新时代宽厚正直的特征

（1）新时代的宽厚特征。第一，宽厚的无私性。要有心底无私天地宽的境界。《吕氏春秋》云："天无私覆也，地无私载也，日月无私烛也，四时无私什也。"意思是说：天无私，所以才能覆盖整个世界，如果天有私，就只能覆盖部分地域了；地无私，所以能承载世间的万物，否则也只能承载少数的器物；日月无私，所以能普照世间，否则也只能偏照一方；春夏秋冬四时无私，所以他们总是自在运行，否则，如果某一个季节，比如春天或夏天的时间过长，四季就颠倒了。因此，人要放宽心量，就应效法天地，去除私心。世界上最宽阔的是海洋；比海洋还宽阔的是天空；

比天空还宽阔的是人的心量。做人的心量有多大，人生的成就就有多大。人们绝不能只为了一己之利去争、去斗、去夺，一定要扫除报复之心和嫉妒之心，这样才能在人生的征途中让自己一路开心。

自私是一种心理疾病，往往使拥有的化为虚无。自私是人性缺点中最可怕的一个，它会扭曲人们的心灵，造成心理疾病。一个人一旦意识到胸中燃起私心之火时，就应理智地设法将它扑灭，万万不可任其扩展，以至于扭曲自己的心灵，做出蠢事来。陶铸同志有一句名言："心底无私天地宽。"为什么别人进步了，好了，自己心里就不是滋味，进而嫉妒别人呢？无非是把自己与别人对立起来，认为别人的进步是对自己的威胁，其病根是心底里"一己"的位置过于膨胀。因此，要做到宽厚，就要驱使自私的杂念，开阔自己的心胸。

第二，宽厚的包容性。宽厚要有善于容人的气度，智者能容、仁者能容。每个人都应要有容人之量，容人之长、容人之短、容人之过、容人之功、容人之个性。

宽厚的人一定有一颗包容的心。包容就是忍耐、就是忘却、就是洞察、就是潇洒。如果你对别人的要求太高，难免到头来自己的失望就越大。如果别人的每一项小小过失都被你视为一种背叛，你将失去所有的朋友。擅于交友的人通常都具有宽广的胸襟，懂得"有容乃大"的道理，能够配合朋友的长处，适应他们的短处。天下本无事，庸人自扰之。与朋友相处，坦荡大方，讲究高尚的格调，既要热情友好，又要沉稳持重。

宽厚的包容是一种积极的包容，懂得尊重别人的选择，允许不同理念的存在，甚至认同别人的生活方式。但这种包容，绝不是跟在别人身后人云亦云，一味地去放纵别人，而是有自己的头脑，敢于说出自己的想法，及时发出自己的声音。

宽厚是力量和自信的标志。宽厚的人，就能得人。包容别人，其实就是宽容自己。多一点对别人的包容，其实，我们的生命中就多了一点空间。有包容的人生路上，才会有关爱和扶持，才不会有寂寞和孤独；有包容的人生路上，才会少一点风雨，多一点温暖和阳光。

总之，宽厚的人身后永远都是一片晴天。

第三，宽厚的理智性。宽厚要有冷静处事的理智。人的一生总不会一帆风顺的，往往在无数个得到与失去、成功与失败的不断循环中走过。因此，每个人应该具有理智的宽厚。阳光总在风雨后，不管是失败还是痛苦，都应该微笑面对。生活在这个世界上，我们就要用一颗宽大的心胸去原谅工作中看似许多不公正的地方，用一颗宽大的心胸去原谅生活中那么多不尽如人意的地方，进而去缓解和慰藉自己内心深处的所有不幸。

有的人一听到要宽厚、要包容，马上火冒三丈，这实质上是一种心理上卑劣的情感，是一种十分有害的腐蚀剂，可谓于人于己都有百害而无一利。看过《三国演义》的人都知道"三气周瑜"的故事。吴国的周瑜是个足智多谋、文武双全的大将之才。然而他是个心胸狭窄、嫉妒成癖的人，他自知不如诸葛亮，却又不肯与诸葛亮通力合作，共破曹兵，而是在嫉妒心理的驱使下，一心要陷害人家。结果不但影响了吴蜀联合，连性命也搭了进去。堂堂国之名将，没有死在刀光剑影的沙场上，却因嫉妒而气死在病榻上，且在临终前还长叹老天不公："既生瑜，何生亮！"如此执迷不悟，岂不悲哉？

（2）新时代的正直特征。第一，正直的指向性。正直的指向性，指的是一个人的正直指向什么和为什么而引起的。例如，一种正直是为了国家利益、集体利益，而坚持正确的原则，这种正直就是高尚的。这才是真正的正直。衡量一个人正直与否，主要看他是出于公心还是私心。一个人如果具有强烈的爱国主义、集体主义情怀，他就一定敢于伸张正义，敢于同坏人坏事作斗争。一个人的爱和恨如果是出于私心，那他就不可能表现出正直的行为。恪守着自己的原则，做到刚正不阿，真正给高贵心灵一个美丽住所的人才是一个正直的人。

第二，正直的坚韧性。正直，可以说是一个人在政治上、道德上的坚定性。这种坚定性来自崇高的理想、坚定的信念，以及平日长期的修养和磨炼。正直，这一道德要求人们不论处在顺境还是逆境，都始终保持自己的操守，特别是在艰难危急之秋、生死存亡之际、面临重大考验之时，更应做到正直。中国古代先哲认为，人生短暂而正气长存。因此，人们将正直看得比生命还宝贵，断不可做苟且之人。中国古代人们重正直的传统，曾培育了一批为了坚持真理和正义，为了捍卫国家和民族利益，顶住各种压力，同一切腐朽邪恶势力、外敌内奸顽强斗争，勇于牺牲的志士仁人，在历史上留下了可歌可泣的光辉篇章，今天仍应发扬。

正直的坚韧性，说到底就是指一个人在正确的世界观、人生观的影响下，正直的个人的品德，在人们内心世界坚韧稳定的具体表现。例如，许多优秀人士具有坚定的共产主义信念，尽管有各种外界因素的影响和干扰，却不能改变他们敢于坚持原则、坚持真理的浩然气概。

第三，正直的自觉性。自觉性，即指一个人在行动中具有明确的目的性，能认识到行动的社会意义，自觉地调节自己的行动。具有自觉性的人，常常能独立支配自己的行动，不会屈从于周围人们的压力，不受外界的影响。坚持真理，坚持原则，分清是非，不随风倒，不看他人眼色行事。

（三）新时代宽厚正直的道德实践

郭沫若先生说过："正义的路是崎岖的路，它只欢迎勇敢的人。"索福克勒斯说："一个正直的人要经过长久的时间才能看得出来。"因此，我们选择做一个宽厚正直的人，在某种意义上来讲就是选择了勇敢和牺牲，选择了无私和忘我。一个没有目标的人就像一艘没有舵的船，永远漂流不定，只会到达失望、失败和沮丧的海滩。身在新时代，每个人都应自觉努力地去做一位宽厚正直的人，这既是新时代的要求和需要，同时新时代也为我们做一位宽厚正直的人提供了新的机遇和动力。

古人有云："上善若水，厚德载物"。孟子有道："恻隐之心，仁之端也。"在中华民族的传统文化中，历来尊崇厚仁贵和、敦亲重义，并将乐善好施、扶贫济困奉为美德。

——习近平：《在慈善中积累道德》

（2007年1月17日）

1. 宽厚正直重在实践

注重道德修养，是中国传统伦理文化的一个重要特征。《礼记·大学》中说："自天子以至庶人，壹是皆以修身为本。"在古人看来，人们的一切德行都是同他的自身的道德修养分不开的。因此，古人把"德量涵养，躬行践履"本身视为一种重要美德。古人说："履，德之基也。"梁启超也说："德者，行也，非言也。"可见，要做到宽厚正直，不仅是心里要有、嘴上会说，最关键的要落实到行动上、要去实践。

道德属于精神范畴，是一种以指导人们行为为目的、以形成人们正确的行为方式为内容的实践精神，因此它也是实践的。道德与其他意识形态相区别的本质特征在于，它是一种"实践精神"，体现着内得于己、外用于世、德行兼一、知行结合的特点。离开社会实践，道德就会成为无源之水、无本之木。

宽厚正直，不仅是品德问题，更是实践问题。离开实践，正确的宽厚正直的道德观念便无从产生，一个人，如果一生一世把自己关在房子里，不经风雨，不见世面，不接触各种矛盾，要培养宽厚正直的道德就无从谈起。离开实践，孤立地去搞个人"修身养性"，势必重复古代思想家那种唯心主义、形式主义修养的错误。

刘少奇同志曾经指出："革命者要改造和提高自己，必须参加革命的实践，绝不能离开革命的实践；同时，也离不开自己在实践中的主观努力，离不开在实践中的自我修养和学习。如果没有这后一方面，革命者要求的自己的进步，仍然是不可能的。"当前，在全国人民正在向实现中华民族伟大复兴的目标奋勇前进的时候，我们每个人都应投入到火热的生活中去，站在时代潮流的前面，自觉地从我做起、从现在做起、从小事做起。为中华民族的振兴，为祖国美好的未来，贡献我们每个人的光和热，在实践中使我们的宽厚正直的优秀品德得到锻炼，得到升华。

2. 做一个宽厚正直的人

身在新时代，每个人都应自觉努力地去做一位宽厚正直的人，这既是新时代的要求和需要，同时新时代也为我们做一位宽厚正直的人提供了新的机遇和动力。

宽厚的美德不是天生就有或自发形成的。随着社会的发展，信息网络化时代的到来，人们在交往中打破了狭隘的地域、民族的界限，超越了空间的限制，变得即时、迅捷、频繁，彼此的依存度也大大增强。在这种情形下，就为展现人们宽厚美好的品德提供了广阔的空间和舞台。随着社会生活领域的不断扩大，人们之间的公共交往越来越频繁，积极维护人与人之间的和谐，这些都为践行宽厚美德提供了一个难得机遇。

以毛泽东同志为核心的党的第一代中央领导集体带领全党全国各族人民实现了国家独立，建立了社会主义制度。社会主义制度的建立，为人们践行正直美德提供了制度保障和法制保障。改革开放以来，中国特色社会主义现代化建设事业得到前所未有的巩固和发展，全社会的政治面貌，人们的整体文明意识、政治素质，发生了很大的变化，社会主义民主法治建设，使正直、正义、公平、平等的理念深入人心；尤其是党的十八大以来，以习近平同志为核心的党中央高度重视和培育社会主义核心价值观，长期坚持不懈地开展道德建设活动，这些都有效地提升了公民的正直品德，为全体公民践行正直美德提供了难得的机遇。

3. 怎样做一个宽厚正直的人

"君子敬以直内，义以方外，敬义立而德不孤。"美德好比宝石，它在朴素的背景衬托下反而更加美丽。高尚的个人品德修养，足以让一个人终身受益。宽厚正直，是每个人应有的最宝贵的品格，是最朴素的情怀。宽厚正直，是做人的立身之基。要培养宽厚正直的良好个人品德，就必须在实践中培养和锻炼自己，良好的个人品德是实践中产生的、形成的。做一个宽厚正直的人，一定要从我做起，从现在做起，从小事做起。

（1）从我做起。个人品德修养，关键在于自己个人主体要加强宽厚正直品德修养，首要的是立足自我，从我做起。

孔子曾说过："为仁由己。"孔子认为，人想要成"仁"，成为一个具有高尚品格的人，要靠的和能靠的只有自己。做一个宽厚正直的人同样如此，只要人们真心地想要提升自己、发展自我，就能通过修养和实践最终成为一个有仁德的人，因为我们的人性中本来就有道德的、向善的本性。

从我做起，就要保持本色。就是要保持宽厚正直的本色，培养健康人格，以真面目示人，对人真心坦诚。有人曾经说过："没有比那些想做与自己的本色不符的事情的人更痛苦的了。"要确立宽厚正直的个人品德，就要树立正确的世界观、价值观、人生观。人们的世界观、人生观与道德观念有着密切关系，它对人们掌握道德知识形成道德信念起着过滤作用，即积极吸收与之相一致的道德观念，抛弃与之相悖的道德思想，努力使人们形成正确的世界观和人生观。树立正确的世界观和人生观，是培养人们确立宽厚正直个人品德的有效方法。

从我做起，就要培养好的性格。一个人的性格与个人品德的养成是相互关联的。性格品质既是人们表现对现实的稳定的态度和与之相适应的行为方式上的心理特征，也包含一个人有关道德和伦理方面的行为倾向。换言之，某些人的性格特征，可以说是一个人的道德品质。率真与虚伪、大公无私与自私自利等，既体现一个人的性格特征，又表现一个人的品德。宽厚正直的人往往心直口快、质朴无华，追求完美，他们对不尽如人意的事物，经常是有啥说啥，快人快语，甚至得理不让人。这从另一侧面反映了他们宽厚正直的性格。所以，每个人都要加强自己的性格修养。互相尊重，互惠互利，当别人为你付出，自己也应礼尚往来，必要时作出让步，这样才能既获得别人的回报，也能从中体验人际交往带来的幸福。要正确认识自己，正确认识别人，这是做到心胸宽厚正直的一剂良药。比如说，不服输、不甘落后是对的，也是一个人能进步的动因之一。但是万事都超人前，样样都不服输，是不可能的，明白了这一点，对于好胜心强的人来说，就可以在很大程度上驱散嫉妒的困扰。一旦当别人的进步对自己形成强烈的刺激时，由此而产生的嫉妒情绪可能一时难以控制时，在这种情况下，最好采取暂时回避或转移注意力的办法，待自己冷静下来后，再理智地考虑这些事情，力求把别人的进步变为自己前进的动力。

"平语"
近人

> 梦在前方，路在脚下。自胜者强，自强者胜。
>
> ——习近平：《在同各界优秀青年代表座谈时的讲话》（2013年5月4日）
>
> 夯实国内文化建设根基，一个很重要的工作就是从思想道德抓起，从社会风气抓起，从每一个人抓起。
>
> ——习近平在十八届中共中央政治局第十二次集体学习时的讲话（2013年12月30日）

从我做起，就要勇于面对挫折。面对挫折、苦难，保持一份豁达的情怀和一种积极向上的人生态度，这需要博大的胸襟、非凡的气度。其实，生命本身就是一种幸福。在逆境中磨炼出你的意志，不必计较一时的成败得失。"风物长宜放眼量"，去追寻长久的精神底蕴。忍受孤独，在彷徨失意中修养自己的心灵，这就是最大的收获。如蚌之含沙，在痛苦中孕育着璀璨的明珠。要善于反思，多听取他人的意见，摆正自己。换位思考，这是一种能力，需要多加锻炼。

（2）从现在做起。有的人也明知要做一位宽厚正直的人，每每也有自己的打算和计划，计划也是常订常新，今天推明天，明天推后天。但总不付诸实践。

从现在做起，就要勇于面对现实，改正不正确的东西。道德是人类精神的自律。自律是相对他律而言的。一个道德高尚的人，就要把外在的道德要求内化为自己内心的需要和信仰。而自律贵在一个"严"字上。人际关系是复杂的，常常会出现一些难以处理的情况。例如：在明知自己做错了事而又可以诿过自免的情况下怎么办？对那些曾反对过自己而又证明是反对错了的人，如何处理与之关系？等等。处理这些问题时，如果没有一种严于律己的精神，就很可能越出道德要求的范围，做出不道德的事情。因此，从现在起要敢于面对现实，改正不正确的东西。

从现在做起，就要建立恒心，加强意志力的锻炼。时刻提醒自己，加强品德修养决不能三天打鱼两天晒网，或者一蹴而就。

富有恒心是加强品德修养过程中不可缺少的条件，有了恒心再加上你的追求和努力，便形成了百折不挠的巨大力量。

《中庸》中讲："人一能之，己百之；人十能之，己千之。果能此道矣，虽愚必明，虽柔必强。"其大意是：别人一次、十次就能做到的事情，我虽愚笨一些，但是只要努力百次、千次，我也一定能做到。如果我能在人生中实践这个道理，那么我即使天生是个愚笨柔弱之人，我也能够成为明达强大之人。这句话强调人凭自己的意志，通过自己的努力，就一定能够变化气质、提升自我。

从现在做起，就要自觉锻炼提高观察生活、把握现实的能力。在纷繁芜杂的万花筒中，既要看到色彩，又要厘清基调，就要不被浮光掠影的表象所迷惑，而是要沉潜到新时代生活和现实的最深处，用美善战胜丑恶，用正直战胜邪恶。

所有的梦想、欲望、目标和行动计划，最后都必须落实到实践中，落实到每一天中、每一个时间节点里。因此，养成宽厚正直的个人品德也必须抓住每一天的时间，必须从现在开始，从今天开始，忽略了今天，那你的一切都会泡汤。有人曾经说过："昨天是一张作废的支票，明天是一张不能取用的存单，今天才是摆在你面前的现金。"同样，就在今天，我们加强宽厚正直的品德修养，要以只争朝夕的精神，决不能有等明天的想法，从现在做起、从当下做起。

（3）从小事做起。细微之处见精神。生物学上讲生物全息率，一滴血、一根毛发可以对一个人作出整体的生物信息判断，那么，一个人的言行举止，当然体现的是他的文化涵养。要养成宽厚正直的个人品德，就必须从身边的小事做起，一点一滴加以养成。列宁曾经指出："要成就一件大事业，必须从小事做起。"

从小事做起，就要从大处着眼。道理很简单，巍峨的高山是由一锹一锹黄土堆积起来的；浩瀚的大海，是由一滴一滴水珠汇聚起来的。我们要养成宽厚正直的个人品德就要从大处着眼，从小处着手，从一点一滴小事做起。"粒米积成箩，滴水汇成河。"不能轻视生活小事，细小的事情是人们精神面貌和人生观的表现。古人讲："不矜细行，终累大德。"小事小节是一面镜子，小事中有人格。从一件小事也能反映一个人的人品如何。个人的修养是从日常工作和生活点点滴中积累和发展起来的，从小事小节中能够窥见一个人的道德品质和操守，照见其思想觉悟的高低。

从小事做起，就要从小事着手。做到宽厚正直，必须"作于细""成于小"。宽厚正直的品格，是在一点一滴的实践中形成的。老子《道德经》中说："合抱之木，生于毫末；九层之台，起于累土；千里之行，始于足下。"建造高楼大厦要从一锹一镐地打地基、垒砖石开始；奔向千里之行的目标，要从脚下的路一步一步地走起。这就告诉人们做事要从小处着手，修养同样如此。小与大是相对而言的，不同的范围内，小与大是可以互相转化的。分子、原子、粒子、质子等微小物质构成了大千世界。要做到宽厚正直，就要从小事做起，要立足从点滴做起，

119

于细微处见精神，于细微处也见品德。

——习近平：《小事小节是一面镜子》（2004 年 3 月 20 日）

从小事小节上加强自身修养，从一点一滴中自觉完善自己。

——习近平：《小事小节是一面镜子》（2004 年 3 月 20 日）

要立足从身边的事做起。坚持在小事小节上加强修养，从一点一滴中完善自己，严以修身，正心明道，防微杜渐，时刻保持宽厚正直的本色。没有事能够一蹴而就，不论如何都有一个循序渐进的过程。

从小事做起，就要自觉做到"勿以善小而不为，勿以恶小而为之"。一些看似无关紧要的小节，如不经意的失言，一个不介意的行为，其实最能透出一个人是否具有宽厚正直的品质。事情也容易沦为思想决堤的突破口。俗话说，小洞不补，大洞吃苦。有些人在小事小节上不注意，不用心，不努力，最后被人嫌弃，严重的被社会、被历史所唾弃。宽厚正直可赢得信任，是一项重要"存款"。比如，在处理人际关系时，背后不道短，是宽厚正直的最佳表现。在人后依然保持尊重之心，可以赢得他人的信任。有的人为了争取所谓的友谊，不惜揭第三者之短："我本来不该告诉你的，可是既然你是我的好友，那……"背叛能赢得信任吗？还是会引起戒心？此等言行表面看来仿佛是"储蓄"，事实上是"支出"，个人的缺点因此暴露无遗。一旦彼此关系破裂，对方难道不会怀疑，你也在他背后飞短流长吗？

你在人前甜言蜜语、人后大加挞伐的习惯，他知之甚详，如此行为能增加信任吗？人们会认为你是一个宽厚正直的人吗？

　　具有宽厚正直的个人品德的人都有一颗美的心灵，一定会受到大家的青睐。因为，人人都有向往美、追求美的心理，这种心理必然引导人们，积极地去向具有宽厚正直优秀个人品德的人看齐、学习，并实践之。唯其如此，我们的国家、民族才会一步步向着既定目标砥砺前行，每个人的幸福感、获得感和安全感才能落到实实在在的细微之处。

六、自强自律

　　增强道德主体的自强自律是新时代我国公民个人品德建设的关键。社会整体道德水平的提升有赖于每一个社会成员道德水平的提升，而提升社会整体道德水平的有效途径和关键环节正是增强每一个道德主体的自强自律。从社会性的角度看，道德本质上是一种受生产关系决定的社会意识规范；从个体的角度看，道德就是人的实践精神的体现。儒家讲"尽己之谓忠，循物无违之谓信"。所谓"循物无违"，指的就是人在具体的道德实践中不违背内心的道德原则，能够做到自强自律。

（一）新时代呼唤自强自律

　　"建筑人格长城的基础，就是道德。"道德不仅是和谐社会秩序的基石，对个体而言，也是自我修为的价值彰显、人格魅力的美丽呈现。中华民族历来重视个人品德修养，一直强调"修身、齐家、治国、平天下"传统。社会主义核心价值观从个人层面提出"爱国、敬业、诚信、友善"，要求弘扬个人品德、磨砺个体品行。

"道不可坐论，德不能空谈。"道德建设能否成风化人，有赖于多做细致入微的实功，不务大而空泛的虚名。每一个小我点亮一盏明德唯馨的心灯，簇起一团崇德向善之火，成就以德兴国的中国力量，必能为中国特色社会主义事业提供源源不断的精神动力和道德滋养。

1. 自强自律的含义

什么是自强呢？《象传》中曰："天行健，君子以自强不息。"《象传》是解释卦象立义的。天行：天道。健：运行不息。天之运行，四时交替，昼夜更迭，岁岁年年无有止息，无有差错，君子当效法天道之健，以自强不息。与之相应，《象传》中坤卦有"地势坤，君子以厚德载物"一说。坤卦是地理形势的象征，"地势坤"即地势顺，君子应效法坤地之厚德，容载万物。

什么是自律呢？自律，指在没有人现场监督的情况下，通过自己要求自己，变被动为主动，自觉地遵循法度，拿它来约束自己的一言一行。自律指遵循法纪，自我约束。自律是一种不可或缺的人格力量，没有它，一切纪律都会变得形同虚设。真正的自律是一种信仰、一种自省、一种自警、一种素质、一种自爱、一种觉悟，它会让你发觉健康之美，感到幸福快乐、淡定从容、

经典名句

不能自律，何以正人？

——张九龄：《贬韩朝宗洪州刺史制》

虽居官久，家无赢赀，亦以俭自律，不少变。

——李东阳：《石公墓志铭》

内心强大，永远充满积极向上的力量。

2. 自律自强是中华民族的传统美德

独立自主、自尊自强、坚忍不拔、不屈不挠……这正是我们最可宝贵的民族特性。而在近代以来，这样的民族性，因为沉沦与奋发、屈辱与抗争而尤显昭彰。多少仁人志士，有着"抛洒热血、毁家纾难"的慷慨；多少跋涉探索，有着"明知山有虎，偏向虎山行"的勇气！一代人有一代人的使命，今天，我们从未离中华民族伟大复兴如此之近，但是行百里者半九十，越是接近梦想彼岸，越是会遇到各种艰难险阻、惊涛骇浪。完成实现梦想的惊人一跃，尤需我们这代人有所担当、有所作为。深化改革大幕开启，民族复兴曙光在前，我们更需秉持这样的精神特质，完成我们这一代人的使命，创造铭刻史册的辉煌。

道德案例

张海迪：轮椅上的"当代保尔"

张海迪 1955 年出生在山东济南。她本来有着一个幸福的童年，父母亲都很喜欢她。可是天有不测风云。5 岁的小海迪突然患上了脊髓血管瘤。病情反复发作，5 年中她被迫做了 3 次大手术，脊椎板被摘去 6 块，最后高位截瘫。她因此没进过学校，童年起就开始以顽强的毅力自学知识，她先后自学了小学、中学和大学的专业课程。张海迪 15 岁时随父母下放聊城莘县一个贫穷的小村子，但她没有惧怕艰苦的生活，而是以乐观向上的精神奉献自己的青春。在那里她给村里小学的孩子们教书，并且克服种种困难学习医学知识，热心地为乡亲们针负治病，受到人们的热情赞誉。

在发展社会主义市场经济的新形势下，全心全意为人民服务的共产党人，把自律自强作为党性修养的重要内容，奉为执政必备的职业道德，当成防微杜渐、拒腐防变的有力武器，看作是尽职尽责、成就事业的根本保证。

业的根本保证。"天下兴亡，匹夫有责"，每一个个体合理、合规、合力，均将成为中国梦的细胞与分子，成为中国梦中最不可少的物质元素。

（二）新时代自强自律的具体要求

道德选择始于道德主体的道德自强，道德实现终于道德主体的道德自律。道德自强是指道德主体对于时代的伦理使命和教化责任要有一个自觉的担当和深切的认同，主动将道德观念与意识深刻理解、融化在心灵里、铭刻在脑子里。道德自律就是道德主体依据一定的道德原则和规范要求，对于自我行为的自决自控。道德自强自律意味着方向的抉择、行动的坚定，道德主体知道自己是谁，从哪里来，要到哪里去，并坚定不移朝着目标前进。

1. 新时代自强的要求

第一，自强要求自主。确立靠自己不靠别人的观念，与一味依附别人的奴化心理彻底决裂，与依赖别人恩赐的侥幸心理划开界限，把争取个人利益和幸福，放在自己努力的基础上。自己的利益自己争取，不求别人代办，不求别人恩赐。这是因为，由别人争取来的利益不是真正意义上的个人利益，由包打天下情结形成的依赖关系，最终将转化为依附关系，而形成新的奴役关系。所以，自强规范不但要求自己，也要求别人不越俎代庖。自强要求的自主，是自己对自己负责，自己承担对自己的责任，把命运掌握在自己手里。当然，我们说的自主绝不是自我封闭，而是强调矛盾的主要方面在自身，主要责任在自身。在争取自身利益上，友谊和援助是次要的，是辅助性的。同时，也只有做到自立自强，才能赢得友谊和援助。

第二，自强要求自信。自己对自己有信心，充分认识自己，相信自己的力量。自信的人才能自主，才不对别人抱有幻想。依附于别人的人，往往是缺乏自信的人。信心就是力量，力量来源于信心。人因为失去信心而自我萎缩，人也因怀有信心而自立自强。自信不是自高自大，孤芳自赏，自信是建立在对自己全面认识的基础上的。自信不是认为自己无所不能，而是对自己克服困难的勇气、信心和毅力的信任，是对自己会做得尽可能好的信任。自信的本质是一种自我宣誓式的决心。自信不是对别人不信任。相反，充分信任同志，充分信任环境的人，才会有真正的自信。对周围条件和环境的充分认识和了解，对友谊和支援的尊重，是建立自信的条件。怀有自信心的人，才会坚持自主意识，坚持对自身潜力的开发。自强规范依赖自信心的支持，自信心是自强规范的必备要素。

第三，自强要求自勉。自己勉励自己，自己鼓舞自己，自己激励自己。也就是自己激发自己的积极性，自己作为自己的动力源，自己开动自己，自我发动。无论是自主还是自信，必然要落脚到行动上，落脚到积极奋发向上的人生态度上，落脚到充满希望、精神激昂的人生开拓中。有为的人生哲学，乐观的人生态度，积极的开拓行动，昂扬奋发向上的精神，才是"自强不息"的真正含义。不悲观，不颓废，不自弃，调动自己整个生命中蕴含的活动能量，去进行人生的创造。

第四，自强要求自责。自责就是自我责备，勇于承担责任。在社会生活中，有成与败，有得与失，有荣与辱，有幸与不幸。自强规范要求把成败、得失、荣辱、幸不幸归因于己，不怨天，不尤人，从自身方面找原因。外因是变化的条件，内因是变化的

道德案例

严三媛：失明不失志自强又助人

在太湖之滨，一位女孩在 19 岁那年因患继发性青光眼不幸双目失明。因为不想成为家里的累赘，她艰难地学习中医推拿，从最基本的手法学起，推、揉、滚、拿、拔、按、擦，一招一式模仿练习。她叫严三媛。2000 年，30 岁的她成为无锡第一位获得大专文凭的盲人推拿师。如今，她已经在无锡创办了 9 家盲人推拿按摩店，累计安置员工千余名，其中 40% 是来自低收入家庭的盲人。自强不息的严三媛，是我国千千万万残疾人的缩影。

根据，外因通过内因而起作用。这样的道理虽然人人懂得，已成常识，但是在具体到个人际遇的问题上，特别是遇到不称心、不如意的境况时，有的人就会怨领导，怨同事，怨客观条件，把个人的挫折归因于客观环境，或者由怨而恨，移怒于人，疑人偷斧，徒生猜忌；或者由怨恨转为消沉，自暴自弃，破罐子破摔，甘堕落而不自知，从而自毁前程。在困难和挫折面前怨天尤人，是对困难的畏惧和怯懦，是对自己能力的怀疑和不信任，是长他人志气，灭自己威风。这样的认识归因，会使自己产生挫败心理，自我萎缩。自强的人，必是勇于自责的人；勇于自责的人，才能做到自强。

2. 新时代自律的要求

中国传统从政修养学说特别强调"修"与"养"，修乃"正心"、养乃"正行"。"内正其心，外正其形"是个人修炼道德品行、淬炼道德自律的重要途径，更是推进新时代公民道德建设的重要方法。诚然，公民"道德大厦"的建设不是靠一人或多数人能完成的，是需要我们每一个公民在教育熏陶和实践养成中形成"道德自律"，积聚迸发新时代"道德之光"，方能绽放出新时代的道德新风尚。

什么是自律？自律是在没有人监督的情况下，自己约束自己，自己要求自己。自律是一种生活态度，是一种向好的行为，是一种坚持，也是一种习惯。现实中，自律的人才能更好地掌控自己的人生。自律看上去容易，而做起来并不容易，事实上一个人有多自律，就有多强大。大家都知道抽烟有害身体健康，但有的人尝试多次，始终戒不掉。时任南开大学校长的张伯苓，有一次看见一个学生手指被熏得焦黄，便指着他说："你看，把手指熏得那么黄，吸烟对青年人身体有害，你应该戒掉它！"但这位学生反唇相讥："你不也吸烟吗？怎么说我呢？"当下张伯苓将自己所存吕宋烟全数拿出来，当众销毁，并表示再不吸烟，张伯苓说到做到，此后再没吸过烟。

所以有人说，人最大的敌人往往不是别人，而是自己；最难战胜的不是别人，也是自己。想要成为更好的自己，就必须自律。自律，才有生活品质。一个人要想有多优秀，就看能自律到什么程度，不管是工作还是生活。自律不是因为自律而自律，这应该成为你的一种习惯和生活态度。真正的自律则是，你把自律当成了一种习惯，它已经融入你的血液和生活中，无须任何提醒，你就会成为那个高度自觉的人。

（三）新时代自强自律的道德实践

唯物辩证法的原理告诉人们，内因是事物发展的根本原因，外因往往通过内因对事物发展起作用。有人说：成大事者，不拘小节，何必要在独处时过分克制呢？可是，要知道，一屋不扫，何以扫天下。一个人，连自己都管不了，又怎能管好别人，怎能有所作为？新时代自强自律重在实践，可以从以下七个方面做起。

第一，认识自己。古希腊哲学家苏格拉底有句名言："世界上最难认识的就是你自己，哲学的任务就应该是帮助人们'认识你自己'。""认识你自己"也是镌刻在古希腊德尔菲神庙金顶

129

上的一句警世箴言。是的，谁要想真正做到自律，谁就先得认识自己，认认真真地审视自我。认识自己有三个基本方法：在和别人的比较中认识自己；从别人的评价中认识自己；从自己的实践中认识自己。

第二，确立目标。一位先哲说过："一个人要有人生目标，否则精力纯属浪费。"你为什么活着？你应该怎样活着？或许没有几个人这样问过自己。当你把这样的问题搞明白之后，可能生活会是另一番模样，而做到自律也就是顺其自然的事情了。

第三，拒绝自卑。你若想成功，若想做到自律，就必须战胜自卑感。自卑的人，总是感觉己不如人，低人一等，怀疑自己的力量和能力，认为自己无法做到自律甚至是无法取得成功，而这正是成功人士最蔑视的。你如果想真正做到自律，就应该像清扫街道一般，首先将心中的自卑感清除干净，然后再种植信心，并加以巩固。

第四，养成良好习惯。自律几乎可以和良好的习惯画等号，全球顶级成功学大师拿破仑·希尔说过："好习惯能够成就一个人，坏习惯能够摧毁一个人。"这句话意义深刻，它明白无误地告诉人们，习惯决定一个人命运。

第五，克服懒惰。那些懒惰、游手好闲、不肯以自律要求自己的人总是有各种漂亮的借口，他们不愿意好好地工作、劳动，却常常会想出各种借口和理由来为自己辩解。"没有什么比无所事事、空虚无聊更为有害的了。"懒惰、好逸恶劳乃是自律最大的敌人，会吞噬一个人的自强之心，会轻而易举地毁掉一个人的一生。

第六，善待时间。庄子说："人生天地间，若白驹过隙，忽然而已。"鲁迅先生说："浪费别人的时间等于谋财害命，浪费自己的时间等于慢性自杀。"人生是由我们在世上所拥有的有限时间构成的，时间给自律者留下智慧和力量，给放纵自我者留下空虚和懊悔。

第七，保持健康身心。叔本华曾说过："在一切幸福中，人的健康实甚过其他幸福，可以说一个健康的乞丐要比疾病缠身的国王幸福。"健康身心应该是自律者的第一要求，也是做到其他自律的前提，其他像工作上的自律、财务上的自律等都要居于其下。只有保持健康的身心，我们才能用最大的力量来应付工作，才能取得我们想达到的成就。

七、新时代个人品德建设的
基本要求与实践路径

个人品德主要是指个人依据一定的道德行为准则在行动时所表现出来的稳定心理特征及价值趋向，是个人道德自觉的结晶，也是社会道德规范、道德原则在个人身上的综合体现，它涵盖道德认知、道德情感、道德行为、道德意志等各个方面。良好的个人品德形成是社会公德、家庭美德、职业道德的基础，有利于奠定全社会道德建设的基石。

（一）良好个人品德修养的意义

习近平总书记在强调品德修养的意义时说道："道德之于个人、之于社会，都具有基础性意义，做人做事第一位的是崇德修身。"这表明了习近平总书记对个人品德的高度重视，良好个人品德的形成是社会主义道德建设的目标要求，是个体精神境界的提高和全面发展的要求，也是社会教育的任务。

良好的品德修养是完善个体精神层面的重要途径。品德修养是一个人精神境界的集中表达，更是社会公德、职业道德、家庭美德状况的基础，它既有利于弘扬尊师重道、恪尽职守、大公无私等优秀品德，更有利于激发挚热的爱国之心，凝聚坚韧的民族精神。个人品德修养的提升，有赖于良好道德习惯的养成，只有形成了充沛着感情的健全道德人格，才有践行社会主义核心价值观的精神活力，才有为服务新时代竭尽全力、拼搏奋斗的强大力量。

良好的品德修养是建设新时代德育工程的重要基石。习近平总书记指出："核心价值观就是一种德，既是个人的德，也是一种大德，就是国家的德、

> **"平语"近人**
>
> 我国是一个有着十三亿多人口、五十六个民族的大国，确立反映全国各族人民共同认同的价值观"最大公约数"，使全体人民同心同德、团结奋进，关乎国家前途命运，关乎人民幸福安康。
>
> ——习近平：《青年要自觉践行社会主义核心价值观——在北京大学师生座谈会上的讲话》（2014年5月4日）

社会的德。"核心价值观是新时代的德育工程，个人层面的价值观是个人品德建设的导向，因而，个人品德建设是德育工程的基础，影响着公民道德思想和行为的形成。加强个人品德建设，提升品德修养是新时代德育工程建设的内在推动力，是推进社会主义核心价值观落地生根、取得实效的重要途径，也是夯实人民信仰、推动民族进步、促进国家发展的重要精神力量。

良好的品德修养是满足人民日益向往美好生活需要的必然要求。党的十九大报告指出了应明确新时代我国社会主要矛盾，必须坚持以人民为中心的发展思想，不断促进人的全面发展、全体

人民共同富裕。这其中所说的"促进人的全面发展"，就是指要加强个人品德的修养。究其原因，是因为良好的个人品德修养是个体全面发展的基础，是国家振兴、民族美好生活的重要保障。如果人民仅有物质水平的提高，却没有与之匹配的品德修养作为辅助，那么个体精神的追求就不会得到提升；如果人与人之间缺乏诚信，社会氛围充斥戾气，那么和谐幸福的美好生活更是无从谈起。因此，只有不断强化个人的道德修养，借由修养提升品质，才能带动社会整体道德水平的提升，才能满足人民日益增长的美好生活需要。

一个人只有保持冷静的心态才能思考问题，才能在纷繁复杂的大千世界中站得高，看得远，才能使自己的思维闪烁出智慧的光辉。古人说的"非宁静无以致远"就是这个意思，我们能把"宁静致远"作为自己的座右铭，不断在人生中做好修养的点滴积累，就能够真正修炼成一个胸怀坦荡的谦谦君子，从而完成人生修养的最高目标。

（二）榜样的力量是无穷的

1. 发挥先进典型的引领作用

"落红不是无情物，化作春泥更护花"，榜样是看得见的哲理，示范是最好的说服。伟大时代呼唤伟大精神，崇高事业需要榜样引领，道德模范就是新时期的榜样，我们在道德建设中一定要发挥好道德模范的示范带头作用，呼唤全社会弘扬道德模范的高尚精神。郑德荣教授给我们留下的宝贵精神财富生

"平语"近人

要充分发挥党和国家功勋荣誉表彰的精神引领、典型示范作用，推动全社会形成见贤思齐、崇尚英雄、争做先锋的良好氛围。

——习近平对党和国家功勋荣誉表彰工作作出的重要指示（2016 年 5 月 18 日）

生不息，成为我们不断奋进的强大力量。站在新的历史起点，我们要向郑德荣同志学习，坚定理想信念，全身心投入到学习贯彻习近平新时代中国特色社会主义思想和党的十九大精神中去，进一步牢固树立"四个意识"，坚定"四个自信"，做到"两个维护"。始终坚持爱党护党为党，始终保持生命不息、奋斗不止的精神状态，做爱岗敬业、甘于奉献、勇于创新的时代标杆，为决胜全面建成小康社会汇聚磅礴力量。

我们要时刻以先进典型为榜样，在社会范围中掀起学先进、赶先进、当先进的浪潮，整合榜样资源，建立资源库，结合"身边好人"等各类典型评选要求进行着重推树，模范人物的人格魅力可以凝聚人心，学习模范人物事迹能够将助人、善良、热心等品质传递出去，用以触及他人的内心深处的感动，构筑良好品德风尚的高地，进而让榜样力量浸润公民心中，提升人们的道德认知，养成良好的行为规范。这种源源不断的精神动力和道德滋养，又进一步保证全党同志更加紧密地团结在以习近平同志为核心的党中央周围，不忘初心，牢记使命，奋发有为，扎实工作，积极投身在中华民族伟大复兴事业中。

道德案例

郑德荣：毕生追求马克思主义真理之光

郑德荣把一生献给了马克思主义研究和宣传事业，把传扬红色理论作为责任和使命，出版学术著作和教材50余部，发表学术论文260余篇。在全国率先主持建立毛泽东思想研究所，主编的《毛泽东思想史稿》开创了毛泽东思想史科学体系的先河。他发表的多篇论文匡正了传统学术观点，有些则开拓了新领域或提出了独到见解。在生命的最后几年，他即便一直受结肠癌病痛折磨也不放弃任何一次传扬理论的机会。"要不忘初心，坚持马克思列宁主义！"这是他唯一的遗嘱。他把传承红色基因贯穿立德树人全过程，把党的创新理论贯穿学术研究全过程。他给博士生上的第一课不是讲授专业知识，而是明确政治标准，要求学生首先在政治上、道德上成为共产主义战士。他致力于培养学生独立的科研能力，实行"读书、思考、讨论、答疑、交流"开放式教学模式，引导学生掌握前沿、开阔视野、活跃学术思想，打好坚实专业基础，他培养的49名博士，多人成为业界的领军人才。他始终将研究创新融入生命，立时代之潮头、发思想之先声，对于党的重大纪念活动，他均著文参会，正面发声。党的十八大以来，他年届九旬仍信念弥坚，将研究方向拓展到习近平新时代中国特色社会主义思想研究领域，承担国家级项目1项，出版学术专著4部，发表学术论文21篇。在纪念马克思诞辰200周年大会召开前夕，他多次拔掉氧气管，在病榻上向学生口述反复修改论文并入选理论研讨会，把研究和宣传马克思主义事业坚持到了生命的最后一刻。

2. 用身边的典型教育身边的人

个人品德是公民个人在修养身心、规范举止方面的道德依循，与社会公德、职业道德、家庭美德共同形成了由全体到个体、由外在到身心的完整道德链条。"核潜艇之父"黄旭华执着于爱国奉献，隐"功"埋名三十载，终生报国不言悔；在抗美援朝战场上失去四肢和左眼的朱彦夫，几十年奋斗不止带领老百姓蹚出脱贫新路；"小巷总理"武荷香，把社区当成自己家，把社区居民当亲人……一个个榜样楷模，让人们感动于爱国奉献的家国大义，知晓了明礼遵规的文明法则，读懂了勤劳善良的奋斗之美，领略了宽厚正直的德行纯真，感受到自强自律的人格光辉。

> **"平语"近人**
>
> 培育和践行社会主义核心价值观，贵在坚持知行合一、坚持行胜于言，在落细、落小、落实上下功夫。要注意把社会主义核心价值观日常化、具体化、形象化、生活化，使每个人都能感知它、领悟它，内化为精神追求，外化为实际行动，做到明大德、守公德、严私德。要面向全社会做好这项工作，特别要抓好领导干部、公众人物、青少年、先进模范等重点人群。
>
> ——习近平在上海考察时的讲话（2014 年 5 月 23 日至 24 日）

学习模范典型，就是要积极践行他们勇于担当、自我奉献，于危难之际挺身而出的大无畏精神；就是要学习他们以诚待人、以礼处事，静坐常思己过、闲时不论是非的崇高品格；就是要遵循他们敬业奉献、立足本职，干一行爱一行，钻一行精一行的职业操守。传承模范的意志，并不能是口头上的空话，而需要从小事入手，从基本规范做起，做到身体力行、知行统一；日常生活中，要孝老爱亲、明礼诚信、谦恭有礼，做到"己所不欲，勿施于人"；工作学习中，要勤勉工作，尽职尽责，做到锐意进取、开拓创新；社会交往中，要积德行善、热心公益，做到举止文明、行为得体。凡此种种不一而足，皆需要用实际行动践行社会主义道德规范，创造良好社会风尚。

（三）向往和追求讲道德、尊道德、守道德的生活

人民是美好生活的创造者，也是美好生活的享有者。美好生活是主观与客观的统一，美好生活既要创造，也要感受。社会主要矛盾的转化，最根本的是要帮助人民寻找打开美好生活大门的钥匙，或者从实践中艰辛探索走向美好生活的通途，从而提高感受美好生活的能力。提升这一能力，必须加强公民道

"平语"
近人

不忘初心，方得始终。对马克思主义的信仰，对社会主义和共产主义的信念，是共产党人的政治灵魂，是共产党人经受住各种考验的精神支柱。只有理想信念坚定的人，才能始终不渝、百折不挠，不论风吹雨打，不怕千难万险，坚定不移为实现既定目标而奋斗。今天，每一个共产党员都要做共产主义远大理想和中国特色社会主义共同理想的坚定信仰者、忠实实践者，为实现"两个一百年"奋斗目标、实现中华民族伟大复兴的中国梦而英勇奋斗。

——习近平：《在纪念朱德同志诞辰 130 周年座谈会上的讲话》

（2016 年 11 月 29 日）

德建设，激发人们形成善良的道德意愿、道德情感，培育正确的道德判断和道德责任，提高道德实践能力尤其是自觉实践能力，引导人们向往和追求讲道德、尊道德、守道德的生活。

1. 激发人民形成善良道德意愿和道德情感

国无德不兴，人无德不立。道德作为一种意识形态，无论对个人的成长进步，还是对国家的长治久安，都有着十分重要的作用。《左传》云："太上有立德，其次有立功，其次有立言，虽久不废，此之谓不朽。"立德、立功和立言一直以来都被人们尊崇为人生的"三不朽"，而立德又排在第一位，它既是立身之本，也是成事之基。德若兼智必昌，智若无德必殃。现实中，长于技能，失于道德的人，即使能够逞得一时风头，也终将难成大器。只有以德立身、以才立业，德才兼备，才能走好人生路。

我们党历来重视思想道德建设。早在革命战争年代，毛泽东同志就号召共产党员要做"一个高尚的人，一个纯粹的人，一个有道德的人，一个脱离了低级趣味的人，一个有益于人民的人"。改革开放之初，邓小平同志明确提出"没有共产主义思想，没有共产主义道德，怎么能建设社会主义"，把共产主义道德作为党员干部道德建设的主要内容，要求全党同志发扬大公无私、服务大局、艰苦奋斗、廉洁奉公的精神。江泽民同志系统地阐述了社会主义道德建设问题，概括了社会主义道德建设的指导思想、主要内容和基本原则，强调把公民道德建设放在更加突出的位置。进入 21 世纪以后，胡锦涛同志着重加强社会主义道德建设，倡导并践行爱国、敬业、诚信、友善的社会主义核心价值观是当代中国精神的集中体现，是凝聚中国力量的思想道德基础。广大文艺工作者要把培育和弘扬社会主义核心价值观作为根本任务，坚定不移用中国人独特的思想、情感、审美去创作属于这个时代、又有鲜明中国风格的优秀作品。

——习近平：《在中国文联十大、中国作协九大开幕式上的讲话》（2016年11月30日）

社会主义核心价值观，培育文明道德风尚。进入新时代以来，习近平总书记高度重视道德治理，并在不同时机、场合深刻阐述了道德治理的重要作用，系统回答了新时代"为何德、何为德、如何德"等问题，从明德修身、重德齐家、从政以德、以德立世四个维度对个人、社会、干部、国家在道德建设方面提出了具体要求，为我国推进社会主义精神文明建设提供了科学的理论指导。

2. 营造崇德向善的社会氛围

社会主义核心价值观只有内化于心，才能在其实际生活中发挥出应有的作用。党的十九大报告明确指出："深入实施公民道德建设工程，推进社会公德、职业道德、家庭美德、个人品德建设。"公民道德的本质是其自然本性在公共生活中的展现，这就决定了在我国公民道德建设中，社会公德建设占据突出位置。伴随我国工业化、信息化、城镇化、农业现代化速度的不断加快，公民活动的私人领域逐步缩小，公共领域日趋扩大，个人行为与社会秩序、公共安全和公众利益之间呈现出前所未有的紧密联系，由此对新时代公民的社会公德提出了更高要求。社会公德涵盖了人与人、人与自然、人与社会关系的各个层面，如：公共交往中的尊老爱幼、善待弱者、诚实守信等；在公共场所遵守公共秩序、维护公共利益、爱护公共财物等；人与周边环境互动中保护生态环境、节约能源、珍爱生命等。近年来全国各地涌现出众多助人为乐、见义勇为、诚实守信、爱护环境的社会公德楷模，充分彰显出新时代我国社会公德水平的不断进步。

3. 注重青年学生的品德实践

马克思在《德意志意识形态》中说过："实践的唯物主义者，即共产主义者，他们的使命是实际地改变现状。"这句话强调了

"平语"近人

要坚持"两手抓、两手都要硬"，以辩证的、全面的、平衡的观点正确处理物质文明和精神文明的关系，把精神文明建设贯穿改革开放和现代化全过程、渗透社会生活各方面，紧密结合培育和践行社会主义核心价值观，大力倡导共产党人的世界观、人生观、价值观，坚守共产党人的精神家园；大力加强社会公德、职业道德、家庭美德、个人品德建设，营造全社会崇德向善的浓厚氛围；大力弘扬中华民族优秀传统文化，大力加强党风政风、社风家风建设，特别是要让中华民族文化基因在广大青少年心中生根发芽。要充分发挥榜样的作用，领导干部、公众人物、先进模范都要为全社会做好表率、起好示范作用，引导和推动全体人民树立文明观念、争当文明公民、展示文明形象。

——习近平在会见第四届全国文明城市、文明村镇、文明单位和未成年人思想道德建设工作先进代表时的讲话（2015 年 2 月 28 日）

在个人品德建设中，对精神力量的认知固然重要，但更重要的是将这种力量转化为实实在在的行为。对于有思想、有个性、有见识的当代青年，德育决不能是凌空蹈虚、陈旧迂腐，而是既要立意高远，又要立足平实。从挤绿皮火车几十个小时去上学到行李靠快递的"空手到"，从背上包着铁饭盒的铺盖卷到手中一刻也放不下的手机，这是品德教育必然要面对的时代场景变化。如何让学生学会感恩、学会助人、学会谦让、学会宽容、学会自省、学会自律，一样的问题，恐怕也需要与时俱进的回答。

古人的道德实践路径，是从修身、齐家而治国、平天下。今天，同样需要从做好小事、管好小节起步，通过落细落小落实的无声教育，才能更好地引导学生以品德润身、有公德善心、用大德铸魂。对此，应重视以实践调研、志愿服务等方式，让学生走进社会、走进基层，去思考社会问题，在潜移默化中培养学生的责任心与奉献精神；应融入生动活泼的案例、触人心弦的故事，让学生感受时代脉动，置身于良好的道德环境之中，对道德常识有更为真实的体验；应组织学生积极参加爱国主义教育活动，发挥道德模范的标杆作用，促使学生主动践行良好的品德行为，达到内化于心、外化于行的教育目的。

（四）影响个人品德建设的因素

一个人的品德修为不仅是体现在嘴上，更重要的是落实在行动上。在品行修养上言行不一、知行脱节，对个人、对事业都贻害无穷。在个人成长和事业发展过程中难免会遇到各种困惑，需

"平语"近人

广大青年要自觉践行社会主义核心价值观，不断养成高尚品格。要以国家富强、人民幸福为己任，胸怀理想、志存高远，投身中国特色社会主义伟大实践，并为之终生奋斗。

——习近平：《在知识分子、劳动模范、青年代表座谈会上的讲话》（2016 年 4 月 26 日）

要把正确的道德认知付诸实践，贯穿到做人做事的方方面面，用我们所信守的道德准则来指导工作实践。特别是在歪风邪气面前，要明辨是非、恪守正道；在诱惑考验面前，要保持定力、严守规矩。在道德实践中持续打牢道德根基，让良好的品德修养成为事业的"助推器"，在实践中创造更辉煌的成就、更精彩的人生。

1. 网络信息

伴随着信息化和经济全球化的相互促进，互联网已经融入人们生活的各个方面，它在深刻改变着人们生产和生活方式的同时，也在改变着舆论的生成方式和传播方式，改变着媒体格局和舆论生态，对我国公民道德建设的影响也越来越深。

一方面，由于互联网的虚拟性，其生态环境更为复杂，教育者对青少年的引导作用极为重要，这需要依托互联网平台，弘扬中国丰厚的文化底蕴，传播爱国爱民、知行合一的美德文化，引导青少年自觉契合社会主义核心价值观；与此同时，还应主动占领网络思想政治教育阵地，加强红色网站的建设和推广，帮助诸多青年更深刻地理解马克思主义内涵，更坚信中华民族复兴的伟大梦想。

另一方面，当今世界意识形态复杂，西方国家利用互联网大肆抹黑中国，向中国青年不断地进行意识形态渗透，试图动摇中国青少年坚定马克思主义和共产主义的信念。在此背景下，政府必须高度重视和加强社会舆论的健康引导，同时要健全网络法律机制，保障网络安全健康地运行，加强对网络信息的监督和网络文化环境的约束和规范。

2. 学校教育

学校是公民道德建设的重要阵地。《纲要》指出："要全面贯彻党的教育方针，坚持社会主义办学方向，坚持育人为本、德育为先，把思想品德作为学生素养、纳入学业质量标准，构建德智体美劳全面培养的教育体系。"为把青少年培养成拥护中国共产党和社会主义制度，立志为中国特色社会主义事业奋斗终生的有用人才，高校必须要引导学生坚定对马克思主义的信仰，引导学生学会用习近平新时代中国特色社会主义思想武装头脑，筑牢信仰信念的思想之坝，引导学生"扣

"平语"近人

用社会主义核心价值观教育学生，引导他们扣好人生的第一粒扣子，是高校思想政治工作的使命所在。我们强调学校教育、育人为本，德智体美、德育为先，就是说高校要成为锻造优秀青年的大熔炉。

——习近平在全国高校思想政治工作会议上的讲话（2016 年 12 月 7 日）

好人生第一粒扣子"，培育学生养成文明、感恩、守信、爱国等优秀道德品德。

要强化公民道德建设，培育时代新人，必须以培育和践行社会主义核心价值观为根本，深入持久地开展公民道德教育。首先，要在小学、中学、大学等国民教育中强化公民道德教育，特别是在《小学德育大纲》《中学德育大纲》和大学生思想政治教育中，大力增强社会主义核心价值观方面的教育内容，从而为我国新时代的公民道德建设打下坚实基础。其次，要在各类成人教育，特别是各级党校、行政学院的干部教育中，注入更多公民道德教育的内容，因为我国自古就有"以吏为师"的浓厚政治伦理传统，而今天领导干部的公民道德水平对普通公民的道德建设发挥着定向、推动、示范和凝聚作用，只有领导干部率先垂范，才能带来全体公民道德水平的普遍提升。

3. 社会实践

《纲要》指出要"持续强化教育引导、实践养成、制度保障"。公民道德建设的过程，是教育与实践相结合的过程，要令公民道德教育真正取得实效，学校道德教育依然是重中之重，但还要强化公民参与公共活动的积极性，通过依托不同载体、选取多种渠道，在社会实践活动中让公民的道德观念植根于内心、外化为行动，才能不断提高其道德认知水平，提升其个人品德修养。

一是把道德建设融入文明创建活动中。在群众性文明创建活动中，激发广大群众的参与热情，宣传道德标准、助人向善等良好文明风尚，规范人们在出行、交通、旅游、就餐、观赛等活动中的行为，把提高文明程度严格摆在突出位置，鼓励公民在为他人送温暖、为社会作贡献中加强个人品德建设、提高道德境界，以此树立新面貌、新风尚。二是持续推进道德规范建设。道德服务行动能够培养公民道德自觉的形成，通过奥运会、世博会、国庆阅兵式等活动的开展，民族自豪感和爱国主义精神可以被显著放大；通过组织公民参加学雷锋志愿服务、支持慈善等活动，能够强化公民的志愿服务意识；通过健全征信系统、弘扬重信守诺的传统美德、开展"诚信月""诚信之星"等活动，可以激励公民讲诚信、守信用，构筑社会诚信基石。三是充分展示优秀的中国公民形象。公民形象的树立有助于提升整体范围内的公民素养，有礼有节、绿色生活、自信文明的形象能够引导人们形成良好的言谈举止和礼让宽容的道德新风尚；绿色出行、绿色低碳生活方式的倡导，能够形成绿色健康的环境氛围，增强公民节约意识、环保意识；对外交流交往时，尊重当地法律法规和文化习俗，积极展示文明自信、友好谦逊的国民素质，可以向世界展示中国，以良好的"国缘"来开拓中国的友好面。

4. 法治建设

《纲要》强调要"发挥法治对道德建设的保障和促进作用""以法治的力量引导人们向上向善"。历史实践证明，公民道德风尚的形成、巩固和发展，除了上述途径外，还必须通过法律制度建设作为有效保障。道德是法律的基石，法律是道德的底线。新时代公民道德建设离不开法治的促进和保障作用，要把社会主义道德的要求融入法律运行全过程各环节，以法治承载道德理念、鲜明道德导向、弘扬美德义行。

以科学立法夯实道德建设的法治根基。法律既能对公民的道德权利发挥保护作用，也能对公民的道德行为起到不可忽视的约束作用，因此，必须坚持立法先行，把社会主义道德要求体现到法律法规之中。社会主义核心价值观是凝聚中国力量的思想道德基础，是社会主义法治建设的灵魂。要深入分析社会主义核心价值观建设的立法需求，及时把实践中广泛认同、较为成熟、操作性强的道德要求转化为法律规范；要坚持问题导向和结果导向，加强社会诚信、见义勇为、志愿服务、勤劳节俭、孝老爱亲、保护生态等与新时代道德建设密切相关的重点领域立法。

以严格执法彰显道德建设的法治力量。严格执法是推进公民道德建设的重要环节。一方面，要保证执法严格、规范、公正、文明，进一步加强在国家统一、民族团结、社会和谐、诚信建设等领域的执法力度。另一方面，要更大程度彰显法律权威，发挥其在弘扬道德风尚、惩治道德败坏过程中的效用，保障科学地立法与有效地实施。

以公正司法筑牢道德建设的法治防线。公正的司法也是推进公民道德建设的重要途径。既要充分发挥司法裁判定纷止争、惩恶扬善功能，确保司法程序公正和实体公正，从而建立健全纠错机制，防范冤假错案或枉法裁判；又要加大办理重点敏感案件的质量和效率，积极回应人民群众的利益诉求和道德关切，让人民群众在司法案件中感受到公平正义。只有让司法成为道德建设背后强大的后盾，才能进一步培育和弘扬社会主义道德。

只有不断推进公民道德建设的法治化、制度化，逐步建立起奖惩制度、监督制度和管理制度有机统一的法律制度体系，做到科学立法、严格执法、公正司法、全民守法，才能通过他律手段实现道德自律的目的，真正培养起具有内向性、稳定性、必然性的公民道德品质。

（五）加强个人品德修养，做一个品德高尚的人

一个高尚的人，是由内而外的，而不是为了高尚而高尚的包装。一个人最重要的不是看他所站的位置，而是他朝的方向。人生茫茫路途，不论你现在是健康，是疾病，是贫困，是富有，是悲伤，是快乐，是幸福，不论你处在哪个水平，都不重要，最重要的是，你是面朝阳光，还是面朝黑暗，只要你总是向着阳光，就算你身处困境，你也会无比幸福，但若你总是朝向黑暗，就算有钱从天上掉下来，你也会害怕砸伤头，世界怎样并不是关键，关键的是你自己的心态。

第一，重学。重学是实现自我修养的首要途径。重学的程度越高，修养的质量就越好，对自我修养的实践就越有益。重学，简单讲就是对学习的重视和自觉。一是知之，这是克服愚昧、求得知识的行为过程；二是好之，这是非智力因素积极参与的学习行为，其外在表现是安贫乐道，笃志好学，学而不厌，虚怀若谷，随地从师，躬行实践，迁善改过；三是乐之，这是学习境界的顶

峰，"知之者不如好之者，好之者不如乐之者"，这是一种全身心投入的审美体验，是自身人格世界向"善"的升华，是在对"真"的发现与领悟中产生的愉悦，它是建立在全部心理活动基础之上的对学习的快乐与满足，使人进入一种自强不息、欲罢不能、学道相融、浑然而一的境界。重学，就是要加强对这三种境界的理解和遵循，博学之、审问之、慎思之、明辨之、笃行之，奠定自己学识和修养的基础。

第二，内省。内省是自我修养的重要途径。内省亦称自省或自我反思。按照马克思主义认识论的观点，人有两个自我，一个是事实上的自我，一个是自己认识上的自我，这两个自我往往差距较大，因此人们经常说，人贵有自知之明，心理学上把它称为人的自我知觉。这种自我认识的途径，就是我们强调的"内省"。应该说这是个人进行自我修养的最佳途径，从本质上说，内省是一种发自内心的自觉活动，是一种理性的自我反思，理性反思有助于大学生养成"吾日三省吾身"的习惯，使自我修养达到理想的境界。

第三，慎独。慎独是进行自我修养的又一重要途径。慎独的基本内核是：作为一个人，一定要有坚定的道德信念，不因他人监督而行善，也不因无人监督而作恶，即不管处在明与暗，还是显与幽，都不做坏事，它要求人们必须有高度的自觉性。刘少奇在《论共产党员的修养》中强调对于一个有修养的共产党员来说，他"没有个人的得失和忧患，即使在他个人独立工作、无人监督、有做各种坏事的可能的时候，他能够'慎独'，不做任何坏事"。

个人应该学会慎独，自觉在"隐"和"微"上下功夫，不因善小而不为，不因恶小而为之。唐太宗曾说：凡是大事都是由小事引起，如果小事不追究，大事就不可挽救。"千里之堤，溃于蚁穴"就是这个道理。

第四，力行。力行是进行自我修养的实践途径。力行也称身体力行。"身体力行"能克服个人自我修养认知的不足，通过与社会交流、互动，使个人的自我修养认知更具有全面性、深刻性和准确性。力行能使个人在实践中坚定进行自我修养的意志，因为自我修养是一个不断反复、不断提升、循序渐进的过程，意志力是自我修养的基础，实践性是意志力的特性，实践越充分，意志力就越会得到磨炼，意志品质就越会得到巩固。通过力行，还能检查到哪些是错的，哪些是对的，以便及时矫正与肯定。

加强公民个人品德建设是一项长期而紧迫、艰巨而复杂的任务，只有坚持由易到难、由远及近，努力把公民个人品德规范的各类要求变成日常的行为准则，形成自觉奉行的信念理念，才能形成有利于培育和提升公民道德素质、促进人全面发展的生活情景和社会氛围，让讲道德、尊道德、守道德、践道德的影响如空气一样无处不在、无时不有！

后　记

　　为了更好地学习贯彻落实中共中央、国务院印发的《新时代公民道德建设实施纲要》精神，推进新时代公民道德建设的创新发展，我们根据《新时代公民道德建设实施纲要》在总体要求中明确提出的新时代公民道德建设"全面推进社会公德、职业道德、家庭美德、个人品德建设""不断提升公民道德素质促进人的全面发展，培养和造就担当民族复兴大任的时代新人""要把社会公德、职业道德、家庭美德、个人品德作为着力点"的时代要求，组织编写了这套"新时代公民道德建设丛书"。

　　本书是这套丛书的第四部，即个人品德建设部分。本书写作人员的分工是：一、总论（单玉华）；二、爱国奉献（杨勇）；三、明礼遵规（朱松元）；四、勤劳善良（单玉华）；五、宽厚正直（郑云正）；六、自强自律（朱松元）；七、新时代个人品德建设的基本要求与实践路径（李明）。最后，由李明、单玉华统稿审定。

　　本书系河南省政研会选定，中国政研会审批的《中国政研会2020年重点调研课题》，由教育部高校人文社科重点研究基地郑州大学公民教育研究中心资助出版，得到了河南省育英素质教育研究院和中国言实出版社的大力支持。在此，表示衷心感谢。

本书编写过程中，得到课题组工作人员的全程服务，在此特向林建中、王海标、吴燕娜等同仁表示由衷的感谢。

由于作者水平有限，不当之处，敬请批评指正。

作者

2020 年 4 月 10 日